Trauerzeit

Praktische Hilfen für Trauernde und Begleitende

Linus Botha

1

Trauerzeit

**Praktische Hilfen für Trauernde
und Begleitende**

Linus Botha

Linus Botha, Trauerzeit
ISNB: 9783746064598

Erste Auflage 2018
Zweite Auflage 2018
Dritte Auflage 2019
Herstellung und Verlag
BoD - Books on Demand GmbH
In de Tarpen 42
D-22848 Norderstedt Deutschland

Inhaltsverzeichnis

1.0 Zum Autor

In der Zeit meines Diakonstudiums habe ich mich auf den Weg gemacht, um einen kleinen Helfer für Trauernde und Begleitende zu schreiben. Die Werkzeuge für die Beratung und Begleitung von Menschen in Not weiterzugeben, resultieren aus meiner mehrjährigen praktischen Erfahrung. Ich bin ehrenamtlich in einem Team der Krisenintervention und der Einsatznachsorge für Feuerwehrangehörige im Bereich der Psycho-Sozialen-Notfall-Versorgung, PSNV. Als Krankenhaus-seelsorger, Sterbe- und Trauerbegleiter habe ich ehrenamtlich seit einigen Jahre ebenso Erfahrung gesammelt und möchte mit diesem Büchlein dies Erfahrungen teilen und im Folgenden versuchen, Abläufe und praktische Hilfestellungen darstellen, mit ihren Möglichkeiten und Grenzen. Ich möchte Mut machen, allen denjenigen, die sich zutrauen, anderen Menschen in der größten Not, beim Trauern beizustehen, ihnen zu begegnen, ohne Vorbehalt, Trost, zu spenden durch das „einfach da sein". Damit Menschen in dieser existenziell bedrohlichen Lebenslage Hilfe erfahren und nicht allein sein müssen, damit die Trauer nicht im Kopf bleibt. Ich möchte versuchen, Angehörigen und Helfern Mut zu machen, ein gesundes Maß zwischen dem Begleiten, Beraten, Helfen, Dasein, Aushalten und Beistehen zu finden. Auch wachsam und behutsam mit dem Bedürfnis nach Abgrenzung, Grenzen, Schutz bei sich und dem anderen, dem gegenüber ernst und wahr zu nehmen. Aus meiner Erfahrung sind wir als „Helfende" nicht immer die „Wissenden", sondern wir dürfen ebenso Unterstützung, Dankbarkeit und Hilfe vom Gegenüber erfahren.

1.1 Zu diesem Buch

Für viele Angehörige und Freunde eines Verstorbenen, ist die Zeit der Trauer eine Zeit der Krise, Angst und Unsicherheit. Vielleicht geht es Ihnen auch so, dass Fragen Sie belasten, wie z.B. Was geschieht nach dem Tod? Ich kann nichts gegen den Tod tun? Wie kann ich helfen? Ist es normal, was mit mir passiert? Was mache mit meinem neuen Leben? Warum ist seit dem Tod „gefühlt", die ganze Welt „verrückt"? Wieso kommt der Schmerz um den Verlust immer wieder?

In diesem Büchlein möchte ich Ihnen Impulse für Ihre Trauer und für die Begleitung Trauernder, in der Zeit der Trauer anbieten. Bei Ihren Fragen und Zweifeln möchte ich Sie mit Informationen, eigenen Erfahrungen und Gedanken aus der Begleitung Sterbender und Trauernder unterstützen.

Es sollen mit den Informationen jedoch keine Regeln aufgestellt werden, oder starre Abfolgen benannt werden, da Sterben und Trauer immer individuell ist. Sterben und Trauer wird unterschiedlich empfunden, es verläuft und geschieht nie gleich, sondern ist, wie jedes Geschöpf einzigartig. Jedes Geschöpf und jeder Mensch nähert sich seinem Tod auf seine ihm ganz eigene Art und drückt so in seinem Sterben und seiner Trauer seine Einmaligkeit aus.

Der Rückblick auf das eigene Leben, die eigenen Verluste, Bilanz ziehen, geschieht auch in Träumen, im Halbschlaf oder im monologhaften Gespräch. Einige machen diesen Rückblick in der Stille, ganz für sich allein - anderen wiederum hilft die stille Anteilnahme eines anderen. Im Begleitenden kann der Trauernde Raum finden, sich selbst, seinem Leben, seinen Erinnerungen zu begegnen. Im und am Gegenüber kann es oft leichter geschehen, dass für den trauernden Menschen Ordnungen, Zusammenhänge und Sinnhaftigkeit erkennbar werden, dass Ereignisse sich zueinander fügen und z.B. alte Versäumnisse und Schuldhaftes in einem anderen Sinnzusammenhang angenommen werden können.

Für uns außenstehende meist unerkennbar, verarbeitet der Trauernde im Schlaf und schlafähnlichem Zustand viel. Trauernde können dazu neigen, mehr zu schlafen, sich abzuwenden von Menschen, Arbeit, weltlichen Dingen. Durch die Hinwendung nach innen, hat der Trauernde meist weniger das Bedürfnis zu sprechen. Sprache und Worte können ihre Wichtigkeit verlieren, Gefühle können den Alltag dominierend. Still sein wird wichtiger, Zeitlosigkeit entsteht. Sich an andere zu wenden, kostet in der Trauerzeit oft große Überwindung und zusätzliche Anstrengung.

Sich auf das schweigende Zusammensein einlassen, kann eine neue Brücke als Angehörige/r und Begleiter/in zu dem Trauernden möglich machen. Die Stille kann als heilende Kraft erfahren werden. Wir werden ebenso ein wenig aus der Zeit des Alltags heraus gehoben, durch die Begegnung dürfen wir teilhaben an einer Art Zeitlosigkeit, in der ein Hauch von Ewigkeit erfahrbar werden kann. Durch die Begleitung Trauernder können wir persönlich auch an die Grenze der Belastbarkeit kommen. Sie können spüren, dass sie mehr Kraft haben, als sie selbst sich vorgestellt haben. Die Zeit für Sie ist ebenfalls belastend. Als Angehöriger können Sie einerseits mit den praktischen Fragen der Organisation, zum anderen die Ungewissheit, wie es weitergehen kann, die Ungewissheit, ob die eigenen Kräfte reichen und die Angst vor dem Unbekannten, neuen Leben. Ebenso wie

bei den Betroffenen, wie auch bei Begleitern löst das Trauern vielfältige Gefühle aus. Gefühle der Trauer, der Angst, der Zweifel, der Wut, der Schuld, der Ohnmacht. Häufig beschreiben Betroffene das Gefühl, dass der tragende Boden gerät ins Wanken. Wir sind heraus gerückt aus dem Alltag, der Sicherheit, dem Vertrauten. Als Begleitende können wir Trauernden Hilfe und Unterstützung in der Zeit des Begleitens anbieten. Dies kann ganz praktische Hilfe beim Alltag, dem Einkaufen, dem Kochen usw. sein, um zu entlasten, dass der Trauernde sich selbst wieder erholen kann. Ein Gespräch mit einem Menschen, mit dem wir über unsere Sorgen und Ängste sprechen können, kann uns ein Gefühl der Entlastung geben. Scheuen Sie sich nicht, um Hilfe zu fragen, z.B. bei Beratungs- und Seelsorge-Zentren in jeder größeren Stadt. Dies kann hilfreic h sein für Trauernde und auch für Begleiter. Alles allein zu schaffen, oder schaffen zu müssen, impliziert eine Überforderung, in der wir uns selbst aus dem Blick verlieren können. Wir benötigen auch als Begleiter Freiräume, Zeit zum Auftanken, damit wir hilfreich bleiben. Nachbarn, Freunde können Sie um Hilfe bitten, so dass diese guten Gewissens Ja oder Nein sagen können. Wenn wir anderen das Gefühl geben können, dass sie gebraucht werden, helfen sie meist gerne. Darüber hinaus können Sie ambulante Hospizvereine und Hospizdienste mit Trauergruppen und Selbsthilfevereine von Betroffenen professionell und auch ehrenamtlich bei der Begleitung unterstützen, durch Gespräche und praktische Hilfen.
Wenn Sie religiös sind, suchen Sie das Gespräch mit einen Seelsorger, entsprechend Ihrem Glauben, einem Geistlichen, einem Pfarrer, Rabbi, Imam etc., dies kann hilfreich, entlastend, tröstend sein.

Zum Aufbau des Buches:

Zu Beginn stelle ich die Trauerphasen vor, mit den möglichen Reaktionen und den dazugehörigen Aufgaben zur Bewältigung und Begleitung. Diese Darstellung ist bewusst aus beiden Perspektiven und soll einen größeren Blick auf den gemeinsamen Dialog, den Trauerprozess werfen.

Die dann möglich auftretenden Gedanken und Gefühle in der Zeit der Trauer in ersten Tage, Wochen und Monaten, stelle ich dann dar und gebe hiernach Anregungen zu einem Umgang mit Trauergedanken und Gefühlen.

Zum Schluss des Buches stelle ich praktische Übungen zur Begleitung mit Trauernden vor, die entweder zur Reorientierung beitragen, bei akuten Angstzuständen, oder Sicherheit geben können, oder ein „Festhalten" und „Loslassen" ermöglichen können. Des weiteren habe ich noch Übungen zur Abgrenzung und Stabilisierung für Begleiter gefügt. Diese werden durch weitere Links zur Information aufgeführt, die hilfreich sein können bei der Begleitung sterbender Menschen.

1.2 Trauer und Trauerreaktionen

Trauer und Trauerreaktionen und die mit der Trauer verbundenen Phasen und Aufgaben zu unterscheiden, kann hilfreich bei der Begleitung sein. Es werden bei der Trauerbegleitung meist vier bis fünf Phasen der Trauer unterschieden. Diese Phasen können zum Teil gleichzeitig auftreten, wiederkommen oder teilweise auch ausfallen, sie treten nicht chronologisch und voneinander abgegrenzt auf.

Was ist Trauer?

Trauer ist eine normale Reaktion etwa auf den schwerwiegenden Verlust geliebter Menschen oder auch von schicksalsmäßigen Verlusten, wie Beziehung, Arbeit, Wohnort, Gesundheit, Besitz und Autonomie. Sie ist von großer Gedrücktheit, Freudlosigkeit, Mutlosigkeit und depressiven Verstimmungen begleitet.

Wie Trauer erlebt und nach außen getragen wird, hängt entscheidend von der Kultur ab und ist häufig auch religiös geprägt. Das Erleben einer großen Bandbreite an Gefühlen von Verzweiflung, Wut oder sogar Gefühllosigkeit ist individuell verschieden und kann unterschiedlich lange andauern. Trauer ist zunächst keine krankhafte Störung. Oft hilft dem Betroffenen schon ein mitfühlendes und partnerschaftliches Gespräch. Wenn nach dem auslösenden Ereignis eine Trauerreaktion sehr lange fortbesteht und in der Stärke der Belastung deutlich von einer normalen Trauer abweicht, kann es sich um eine behandlungsbedürftige Störung handeln. Bei abnormen Trauerreaktionen geht man davon aus, dass der Betreffende unfähig ist, die verschiedenen Phasen eines normalen Trauerprozesses zu durchlaufen. Um die schwierige Unterscheidung zwischen normal verlaufender Trauer und pathologischer Trauer verstehen zu können, wird im Folgenden zunächst der übliche Trauerverlauf dargestellt

Welche Phasen der normalen Trauer werden durchlaufen?

Beobachtungen von Personen, die einen geliebten Menschen verloren haben, zeigen, dass diese in der Regel verschiedene Phasen durchlaufen. Zeitweises Hin- und Herpendeln zwischen den Phasen ist möglich. Der Abschluss des Trauerprozesses versetzt den Betroffenen in die Lage, den Verlust zu akzeptieren und mit der Erinnerung an die verlorene Person ein neues Leben aufzubauen.

Erste Trauerphase: Nicht-Akzeptieren

Betroffene wollen den Verlust nicht wahrhaben und fühlen sich unfähig, die Nachricht zu akzeptieren. Typisch sind Äußerungen wie "Ich konnte es einfach nicht fassen" oder "Es erschien unwirklich". Die Betroffenen wirken versteinert und gefühllos. Wie betäubt werden Routinen zunächst weitergeführt, jedoch unter ständiger Anspannung und Furchtsamkeit. Diese ungewöhnliche Ruhe kann jeden Augenblick von einem Ausbruch intensiver Emotionen unterbrochen werden.

Zweite Trauerphase: Aufbrechen chaotischer Emotionen

Nach Stunden oder Tagen kommt es zum Aufbrechen "chaotischer Emotionen". Der Trauerschmerz wird nun intensiv erfahren. Er wechselt sich mit Angst, Wut, Hilflosigkeit, Schuldgefühlen, auch unbegründeter

Heiterkeit oder der Suche nach Schuldigen ab. Es kann zu Gewichtsverlust und Schlafstörungen kommen.

Dritte Trauerphase: Suchen und Sich-Trennen
In einzelnen Episoden wird die Realität des Verlustes immer bewusster. Dies führt zu großer Ruhelosigkeit und der Beschäftigung mit dem verlorenen Menschen. Häufig besteht das Gefühl der tatsächlichen Anwesenheit der verlorenen Person. Der Betroffene versucht, alle auf den betrauerten Menschen hinweisende Reize wahrzunehmen und genau zu beobachten. Zum Beispiel werden Geräusche im Haus so interpretiert, dass der vermisste Mensch doch noch präsent ist. Gleichzeitig besteht der entgegengesetzte Impuls, sich von Erinnerungen freizumachen. Man beobachtet ein Schwanken zwischen dem Hegen und Pflegen von Erinnerungsstücken und dem Drang, diese wegzuwerfen, zwischen dem Aufsuchen und Vermeiden von Orten, die einen an die verstorbene Person erinnern. Um diese nicht zu vereinenden Tendenzen zu überwinden, wird schließlich akzeptiert, dass der Verlust von Dauer ist - die Suche nach dem Verstorbenen wird abgeschlossen.

Vierte Trauerphase: Neuorganisation
Nach der Akzeptanz des Verlustes übernimmt der Trauernde neue Aufgaben und Rollen. Neben gedanklichen Veränderungen werden auch Gewohnheiten neu geordnet, die mit der verstorbenen Person zusammenhängen. Der Betroffene geht wieder auf Menschen zu. Der Schmerz um den Verstorbenen nimmt ab, kann jedoch zu bestimmten Anlässen wieder neu belebt werden.

Was versteht man unter erschwerter Trauer?

Die Abgrenzung zwischen einer normal verlaufenden Trauerreaktion und einer krankhaften (pathologischen) Entwicklung, einer abnormen Verlustreaktion, ist abhängig von der Dauer der Trauerzeit und von der Art der Trauerreaktion. Der Betroffene erreicht die Phase der Anpassung und der Neuorganisation nicht.

Ärzte und Psychotherapeuten stufen eine Trauerreaktion als abnorm, pathologisch oder erschwert ein, wenn diese über sechs Monate bis ein Jahr hinaus anhält. Dennoch sollte dieser Zeitraum niemals als einziges Diagnosekriterium gelten. Wichtig ist der Hintergrund der Lebensgeschichte des Betroffenen und die individuelle Bedeutung des Verlustes, um die Person nicht vorschnell als krank zu verurteilen. Entscheidend ist auch die Art der pathologischen Trauerreaktion.

Man unterscheidet zwischen einer chronischen und einer verzögerten Trauerreaktion. Über die Häufigkeit pathologischer Trauerreaktionen in der Allgemein-bevölkerung gibt es kaum gesicherte Erkenntnisse. Nach dem Ergebnis einer Studie liegt die Wahrscheinlichkeit, in seinem Leben in Folge eines Verlustes eine Depression zu entwickeln, bei etwa zehn Prozent.

Wie äußert sich eine chronische Trauerreaktion?

Dem Betroffenen gelingt der Sprung in die letzte Trauerphase nicht. Die Unabänderlichkeit des Verlustes wird nicht akzeptiert. In vielen Fällen herrschen Wut und Selbstbeschuldigungen vor. Die Betroffenen wirken oft wie versteinert, kapseln sich ab und sind verbittert. Die verlorene Person wird idealisiert, gelegentlich entwickeln sich jedoch auch Hassgefühle, die teilweise auch gegen die Umwelt gerichtet sind. Es wird der Versuch unternommen, Verlust- und Trauergefühle abzuwehren.

Fragen nach der verlorenen Person können das System jedoch sofort zusammenbrechen lassen. Der Trauernde ist deshalb unfähig, sein Leben neu zu planen und gerät in einen Zustand, den man als Desorganisation bezeichnen kann. Das Leben verläuft weder wie vor dem Verlust noch wird es neu gestaltet. Der Betroffene kann schließlich unter Depressionen und/oder Angststörungen oder chronischen körperliche Beschwerden leiden und eine Alkohol- oder Medikamenten-Abhängigkeit entwickeln. Häufig besteht auch Selbstmordgefahr. Möglich ist daneben die Entwicklung eines gestörten Sozialverhaltens wie etwa aggressives oder unsoziales Verhalten. Nicht immer müssen psychische Störungen begleitend auftreten. Dennoch empfinden Betroffene allgemein ihre Lebensqualität als dauerhaft verschlechtert. Sie können Anforderungen in Beruf und Familie nicht mehr entsprechen.

Was ist eine verzögerte Trauerreaktion?
Die Trauerreaktion ist gehemmt, verhalten oder aufgeschoben. Intensive Niedergeschlagenheit wird erst lange Zeit nach dem Verlust durchlebt und nicht direkt empfunden. Möglicherweise kann der Betroffene die Reaktion gar nicht dem ursprünglichen Verlust zuordnen, obwohl es sich um Trauersymptome handelt.. Auslöser der später einsetzenden Symptome können kurz vorausgehende, zum Teil wenig bedeutsame Verluste sein. Manchmal kommt die Symptomatik auch erst in Gang, wenn der Trauernde das Sterbealter der verlorenen Person erreicht. Eine genauere Nachfrage verdeutlicht, dass hier frühere Verluste betrauert werden. Betroffene sind anfällig für psychische und körperliche Erkrankungen. Plötzlich und für den Betroffenen unerklärlich kann eine depressive Episode auftreten. Im

Rahmen einer psychotherapeutischen Behandlung kann deutlich werden, dass diese Entwicklung Folge einer verzögerten Trauerreaktion ist.

Welche Faktoren begünstigen eine abnorme Verlustreaktion?

Ob Trauer einen unnatürlichen, pathologischen Verlauf nimmt oder nicht, hängt von verschiedenen Einflussfaktoren ab. Dabei spielen die Persönlichkeitsmerkmale des Hinterbliebenen, die Ursache und die Umstände des Verlustes sowie Merkmale der verlorenen Person eine entscheidende Rolle. Den größten Einfluss auf den Verlauf der Trauer haben die Persönlichkeit des Hinterbliebenen und seine Bindung zu der verlorenen Person. Eine besondere Rolle spielen unsichere und konfliktreiche Beziehungen zur verlorenen Person, fehlende tröstende Sterbebegleitung und intensive oder sogar überfürsorgliche Sorge um das Wohlergehen anderer. Ein weiteres Risiko stellen aktuelle Krisensituationen, sowie mangelnde Unterstützung durch Familie und Freunde dar. Einfluss haben daneben ein plötzlicher und unerwarteter Verlust und die Umstände des Sterbe-Prozesses.

Wie wird die Diagnose gestellt?

Die abnorme Verlustreaktion beziehungsweise pathologische Trauerreaktion ist aus medizinischer und psychologischer Sicht eine Anpassungsstörung. Die Diagnose wird von Psychotherapeuten oder Ärzten gestellt. Voraussetzung für die Diagnose einer pathologischen Trauerreaktion ist, dass die momentanen Krankheitszeichen (Symptome) mit einem erlebten Verlust in Zusammenhang steht. Der Betroffene sollte seinem Therapeuten möglichst genau schildern, was passiert ist, welche Gefühle und körperlichen

Beschwerden er empfindet und wie sich diese entwickelt haben. Darüber hinaus wird der Arzt ein Augenmerk auf die Lebensgeschichte richten und erfragen, ob bereits vor dem Verlust psychische und körperliche Erkrankungen bestanden haben.

Die Symptome eines pathologischen Trauerprozesses unterscheiden sich von anderen psychischen Erkrankungen durch folgende Aspekte:

Wenn zum Zeitpunkt des Todes einer bedeutenden Person der Patient weitere Verluste durch Trennung oder Tod erlitt, stellt dies eine enorme Belastung dar. Deshalb reagiert er eher mit einer abnormen Entwicklung.

Vermeidendes Verhalten wie die Ablehnung, zur Beerdigung zu gehen oder das Grab zu besuchen sowie fehlende Trauer nach dem Verlust sind Hinweise auf mangelnde Realisierung des Verlustes. Auffällig ist das Auftreten von Symptomen in zeitlichem Zusammenhang mit dem Datum des Verlusts.

Betroffene belassen über einen sehr langen Zeitraum die Umgebung genau so wie sie war, als die Person starb.

Betroffene entwickeln übermäßige Ängste vor der Krankheit, die den Tod der betrauerten Person verursacht hat.

Wie kann man eine pathologische Trauerreaktion behandeln?
Erlebt der Betroffene die Trauerreaktion als so belastend, dass er die Problematik nicht mehr allein bewältigen kann, ist eine psychotherapeutische Behandlung sinnvoll. Ziel einer Psychotherapie ist es, die nicht geleistete Trauerarbeit nachzuholen. So kann man dem Patienten

helfen, Interessen und Beziehungen wieder aufzunehmen. Als bewältigt gilt die Trauer, wenn die Person wieder Energie für alltägliche Herausforderungen hat und nicht mehr von Erinnerungen kontrolliert wird. Der Betroffene sollte sich weitgehend frei von Schmerz und störenden Gedanken und Emotionen fühlen. Verhaltenstherapeutisch orientierte psychologische oder ärztliche Psychotherapeuten arbeiten an Gefühlen, Gedanken und Verhaltensweisen, die die Trauer aufrechterhalten und verhindern, einen geeigneten Umgang mit ihr zu finden. Konzepte aus der sogenannten Interpersonellen Psychotherapie liefern zudem sinnvolle Ansatzpunkte. Hier wird nicht nur der Patient allein, sondern auch seine Beziehungen zu anderen Menschen betrachtet. Es ist auch sinnvoll, weitere Angehörige in die Therapie mit einzubeziehen, um einen gemeinsamen Umgang mit der Trauer zu finden. In sehr schweren Fällen kann die stationäre Behandlung in einer Klinik unumgänglich sein.

1.3 Trauerzustände, -phasen, -aufgaben begleiten

Nicht wahrhaben Wollen / Schock

Zustand: Verleugnung der Realität

Aufgabe: Den Verlust als Realität begreifen

Begleitung: Erzählen lassen, Abwehrhaltung
                 akzeptieren, klare Wortwahl, Angehörige
                 verständigen, Abschied wenn möglich,
                 ermöglichen dabei unterstützen, wenn
                 gewollt.

Aufbrechende Emotionen

Zustand: Zorn, Verzweiflung über die Ohnmacht
                 gegenüber dem Tod.

Aufgabe: Den Trauerschmerz zulassen.

Begleitung: Hochkommende Gefühle frei äußern
                 lassen, Schuldgefühle entkräften,
                 Gefühle behutsam verbalisieren,
                 Aggressionen nicht persönlich nehmen,
                 emotionale Äußerungen nicht auf
                 sachlicher Ebene erörtern, Traurigkeit
                 aushalten.

Suchen und sich trennen

Zustand: Schmerz um den Verlust des geliebten
                 Menschen und Erkenntnis, dass das
                 Leben weiter gehen muss.

Aufgabe: Sich anpassen an eine Umwelt, in der
                 die/der Verstorbene fehlt.

| Begleitung: | Trauer auch nach Wochen akzeptieren, nichts „schön" reden, Traurigkeit nicht mit Ablenkung verhindern, unterstützen statt entmündigen. |

Neuer Welt- und Selbstbezug

| Zustand: | Gefühlsmäßige Bereitschaft, den Verlust anzunehmen. |

| Aufgabe: | Emotionale Ablösung von der/dem Verstorbenen und sich öffnen für Neues. |

| Begleitung: | Bei der Realisierung von Plänen und Zukunftsperspektiven unterstützen, daraus entstehende Schuldgefühle abbauen, verlässlich begleiten, neuen Lebensstil nicht werten, oder emotionalisieren. |

1.4 Der Trauerprozess

Der Weg im Umgang mit der Trauer und dem Verlust ist immer individuell und lässt sich nicht Verallgemeinern. Trauer hat viele Gesichter. Trauer erfasst den Menschen als Ganzes, in seinem ganzen Wesen und berührt alle seine Lebensbereiche. Die Vielgestaltigkeit des Trauerprozesses lässt sich auf folgenden vier Ebenen beschreiben:

1. Emotionale Ebene

Der Verlust eines geliebten Menschen löst eine ganze Reihe von unterschiedlichen Emotionen aus, die eine sehr unterschiedliche Qualität und Intensität haben können. Zunächst stehen Schock, Betäubung und Gefühlsleere oder innere Erstarrung sowie Hilflosigkeit und Auflehnung gegen das Unfassbare im Mittelpunkt des Erlebens. Im weiteren Verlauf des Trauerprozesses treten Schmerz, Verlustangst, bodenlose Trauer und existentielle Verzweiflung auf. Hinzu kommen Gefühle von Zorn und Wut sowie direkte oder indirekte Vorwürfe gegenüber dem Verstorbenen und oder anderen Personen die möglicherweise für den Tod des geliebten Menschen verantwortlich gemacht werden. Bestand beim Verstorbenen eine lange schwere Erkrankung, die über eine längere Zeit eine intensive Pflege erforderlich machte, so kommen bei den Angehörigen oftmals auch Gefühle der Erleichterung und Entlastung hinzu, die oftmals aber als „unpassend" oder „zu egoistisch" empfunden werden und deshalb verleugnet werden müssen.

2. Kognitive Ebene

Auf der gedanklichen Ebene setzt zu Beginn der Trauerreaktion zunächst eine regelrechte „Gedanken-blockade" ein, der Trauernde wird durch den Verlust des geliebten Menschen in einen psychischen Schock- und Ausnahmezustand versetzt, so dass kein klarer Gedanke mehr gefasst werden kann. Der Betreffende erlebt sich selbst als „wie neben sich stehend" und völlig „von der Rolle" so dass eine gedankliche Verarbeitung des Verlusterlebnisses zunächst einmal noch gar nicht stattfinden kann. Vorherrschende Gedanken sind:es kann gar nicht wahr sein, weil es nicht wahr sein darf. Es ist wie ein Alptraum aus dem man irgendwann wieder aufwachen wird. Erst allmählich kann die Unwieder-bringlichkeit des Verlustes durch den Tod des geliebten Menschen in der Gedankenwelt zugelassen und schrittweise die Radikalität dieses Geschehens mit den fundamentalen Auswirkungen auf das eigene Selbst- und Weltverständnis vom Trauernden begriffen werden. Gedanken wie „ ich kann ohne diesen Menschen nicht mehr weiterleben" oder „Liebe wird es für mich nicht mehr geben"werden zu ständigen Begleitern auf dem Weg durch das dunkle Tal der Trauer.

3. Körperliche Ebene

Die Trauerreaktion wird meistens von starken Missempfindungen auf der körperlichen Ebene begleitet. Die häufigsten Symptome sind vegetative Störungen, wie Herzklopfen, Kurzatmigkeit bis Atemlosigkeit, Engegefühl in der Brust, schnelle Erschöpfbarkeit, ständige Müdigkeit, Muskelschwäche, Zittern, Schwindelgefühl, Schlafstörungen, gesteigertes Hungergefühl oder im Gegensatz dazu völlige Appetitlosigkeit. Häufig werden auch Übererregbarkeit und Überempfindlichkeit gegen

Lärm berichtet, was die sowieso schon bestehenden Rückzugstendenz des Trauernden noch zusätzlich verstärken kann.

4. Verhaltensebene und Interaktion mit der Umwelt

Der emotionale Schock am Beginn der Trauerreaktion führt zu einem vorübergehenden Einfrieren der sozialen Kontakt- und Beziehungsfähigkeit des Trauernden. Dies hat zur Folge,dass andere Menschen den Trauernden nur schwer oder gar nicht erreichen können. Der Trauernde ist physisch zwar anwesend und scheint dennoch in weite Ferne gerückt. Es scheint, als ob sich der Trauernde hinter einer gläsernen Wand oder in einer undurchdringlichen Hülle befinden würde.Auch für Trost und Zuspruch scheint der Trauernde nur wenig oder gar nicht zugänglich. Er wirkt vielleicht sogar abweisend, so dass sich andere Familienmitglieder und Freunde nach einigen fehlgeschlagenen Versuchen der Kontakt-aufnahme schnell zurückziehen. Nach mehreren Wochen und Monaten kommt es häufig zu einem tragischen Missverständnis zwischen dem Trauernden und den Menschen in seiner Umgebung. In einer Gesellschaft, die Sterben und Tod weitgehend aus dem Bewusstsein zu verdrängen versucht, wirkt der Trauernde mit seinem schwarzen Schatten der nicht enden wollenden Trauer eigentümlich bizarr und fremd. Es gibt kaum gesell-schaftlich legalisierte Schon- und Schutzräume für Trauernde. Vielmehr führt der oftmals auch ökonomisch bedingte Druck, zur eigenen Existenzsicherung möglichst schnell ins Erwerbsleben zurückzukehren auch in der Umgebung des Trauernden zu vielleicht gut gemeinten Reaktionen wie „das Leben muss doch weitergehen" oder „Du kannst Dich doch jetzt nicht so hängen lassen, das ist doch sicherlich auch nicht im Sinne des

Verstorbenen". Für den Trauernden sind diese „Durchhalteparolen" unerträglich. Er fühlt sich unverstanden und unter Druck gesetzt.Er fühlt sich mit seiner Trauer als Last für andere und zieht sich noch mehr zurück, obwohl er sich nichts dringlicher wünscht als menschliche Wärme und Beistand, damit er nicht ganz in der inneren Einsamkeit verloren geht. Die Menschen im Umfeld des Trauernden interpretieren den verstärkten Rückzug des Trauernden fälschlicherweise als persönliche Ablehnung ihrer gut gemeinten Ratschläge, manchmal sogar als Affront gegen sich selbst. So reagieren die erwachsenen Kinder einer Witwe beispielsweise auf die untröstliche Trauer ihrer Mutter mit dem Satz:„Wir sind doch auch noch da und brauchen dich." So kann ein Teufelskreis entstehen, der vom Trauernden selbst und seinen wichtigsten Bezugspersonen nicht mehr aus eigener Kraft durchbrochen werden kann. Hier sind klärende Worte von professionellen Helfern im wahrsten Sinne des Wortes notwendend, weil nur so die einsetzende Entfremdung zwischen dem Trauernden und seinen Bezugspersonen aufgebrochen werden kann.

1.5 Trauerkonzepte im Überblick

Elisabeth Kübler-Ross beschrieb 1969 fünf Phasen des Sterbens. Danach durchläuft der Sterbende folgende 5 Phasen: Nichtwahrhabenwollen – Feilschen und Verhandeln – Wut und Zorn – Depression – Akzeptanz.

1970 legten John Bowlby und Collin Murray Parkes ein vierphasiges Modell des Trauerprozesses vor, das sich stark an die 5 Phasen des Sterbeprozesses von Elisabeth Kübler-Ross anlehnt.

1972 entwickelte Yorick Spiegel ein psychoanalytisches Modell der Trauerverarbeitung. Dabei handelt es sich nicht um ein Phasenmodell.

Spiegel hat 5 verschiedene Aufgaben der Trauerarbeit beschrieben, von deren Bewältigung es abhängt, ob der Trauernde den Trauerprozess ohne Komplikationen meistern kann, oder ob es zu einer erschwerten Trauerreaktion kommt.

Die einzelnen Traueraufgaben lauten: Auslösung der Trauer, emotionale Stabilisierung, Anerkennung der Realität, Entscheidung zum Leben, Expression unakzeptabler Gefühle und Wünsche.

1982 wurde von Verena Kast ein weiteres psychoanalytisches Konzept der Trauerverarbeitung vorgelegt. Dabei handelt es sich um ein Modell mit insgesamt 4 Phasen das im Folgenden als theoretische Grundlage für die Begleitung von trauernden Angehörigen dienen soll.

Erste Phase: „Nicht-Wahrhaben-Wollen"

Der Verlust wird zunächst massiv verleugnet, der oder die Trauernde fühlt sich zumeist empfindungslos und ist oft starr vor Entsetzen: „Es darf nicht wahr sein, ich werde erwachen, das ist nur ein böser Traum!"Diese erste Phase ist meist kurz, sie dauert ein paar Tage bis wenige Wochen.

Zweite Phase: „Aufbrechende Emotionen"

In der zweiten Phase werden die unterschiedlichsten Gefühle gleichzeitig oder in schnellem Wechsel durchlebt. Der Trauernde durchlebt intensive Zustände bodenloser Trauer, brennender Wut, vernichtende Angst und Ruhelosigkeit sowie existentieller Verlassenheit. Der Betroffene leidet zusätzlich oft unter Schlafstörungen. Eventuell setzt die Suche nach einem oder mehreren „Schuldigen" ein (Ärzte, Pflegepersonal , bei Unfällen auch andere am Unfall beteiligte Personen...). Der konkrete Verlauf dieser Phase hängt stark davon ab, wie die Beziehung zwischen den Hinterbliebenen und dem Verlorenen war, ob zum Beispiel Probleme noch besprochen werden konnten oder ob viel offengeblieben ist. Starke Schuldgefühle können dazu führen, dass man auf dieser Stufe stehenbleibt.

Dritte Phase: „Suchen, Wiederfinden und Sich-Trennen"

In der dritten Trauerphase wird der Verlorene unbewusst oder bewusst „gesucht", meistens dort, wo er im gemeinsamen Leben anzutreffen war, z. B. in Zimmern, Landschaften, auf Fotos, aber auch in Träumen oder Phantasien etc. Die Konfrontation mit der Realität bewirkt, dass der Trauernde immer wieder lernen muss, dass sich die Verbindung drastisch verändert hat. Und so wird durch jedes „Finden" in der Erinnerung immer auch ein neues Stück Trauer ausgelöst, indem der Trauernde schmerzlich realisiert, dass es genau diese Erfahrung mit dem Verstorbenen in der Gegenwart und Zukunft nicht mehr geben wird.Was bleibt, ist die liebevolle Verbindung mit dem Verstorbenen, die der Trauernde in seinem Herzen spürt. Die wiedergefundene, erinnernde Liebe zu dem verstorbenen Menschen ist es letztendlich die dem Trauernden hilft, den Verstorbenen als „innere Figur" oder psychoanalytisch gesprochen als „inneres Objekt" in der seelischen Welt zu konstituieren.

Der Verlorene wird durch diesen innerpsychischen Prozess, der in der Tiefenpsychologie auch als Inkorporation oder Introjektion bezeichnet wird,zu einem „inneren Begleiter", mit dem man durch inneren Dialog weiterhin in Beziehung stehen kann. Gelingt diese Verinnerlichung der Beziehung zum Verstorbenen nicht, so besteht die Gefahr, dass der Trauernde eine Art Pseudoleben mit dem Verlorenen zu leben versucht. Das bedeutet, nichts darf sich ändern,der Trauernde versucht das gemeinsame Leben mit dem Verstorbenen quasi fort zusetzen. Dadurch entfremdet er sich dem Leben und den Lebenden immer mehr, er zieht sich mit dem Verstorbenen auf eine Art „psychologische Insel" zurück, und koppelt sich immer mehr von der Realität ab. Diese Entwicklung markiert den Übergang von einem gesunden zu einem eindeutig pathologischen Trauerprozess, der ein psychotherapeutisches Eingreifen erforderlich macht. Wenn der Verstorbene aber zu einer inneren Person wird, die sich weiterentwickeln und verändern kann, dann wird die nächste Phase der Trauerarbeit erreicht. Eine wichtige Voraussetzung damit dies geschehen kann besteht darin, dass auch noch ungelöste Probleme und Konflikte mit der verlorenen Person quasi posthum aufgearbeitet werden können.

Hierzu ein Beispiel

Eine 41 jährige Frau berichtet in einer geschlossenen Trauergruppe, sie leide sehr unter Schuldgefühlen der Mutter gegenüber, die vor drei Jahren an Krebs verstorben sei. Grund für die Schuldgefühle war, dass die Frau nicht mehr nachts ins Krankenhaus gefahren ist, nachdem man ihr telefonisch mitgeteilt habe, dass es der Mutter plötzlich schlechter ging und sie vielleicht die Nacht nicht überleben würde. Die Frau war tagsüber bei der Mutter, traute sich aber wegen eisglatten Straßen nicht zu nochmals die ca. 20 km bis zum Krankenhaus zu fahren. Sie warf sich nun vor, dass dies doch sehr egoistisch von ihr gewesen sei,es nicht zumindest versucht zu haben.

Während eines Gruppentermins konnte die Frau mit der inneren Mutter Kontakt aufnehmen, indem sie sich vorstellte, die Mutter würde das Gespräch zwischen uns mithören können. Sie stellte sich weiterhin vor, was würde die Mutter ihr wohl darauf antworten. Die Frau hatte zeitlebens ein sehr inniges Verhältnis zu ihrer Mutter und spürte bei dieser Frage in sich ein warmes zärtliches Gefühl aufsteigen. Sie deutete diese spontane Gefühlswahrnehmung als „Antwort" dass sie sich nicht länger Vorwürfe zu machen braucht, weil ihre Mutter ihr nichts nachträgt und sie sich deshalb selbst auch endlich ihr vermeintliches Versäumnis verzeihen darf. Diese Erfahrung, war für die Frau äußerst befreiend und sie konnte in den folgenden Wochen spüren,wie sie mit mehr Mut und Tatkraft daran ging, einige Probleme in ihrem Leben endlich aus dem Weg zu räumen. Sie merkte jetzt erst, wie viel Lebensenergie die unbewältigten Schuldgefühle ihr geraubt hatten.

"Vierte Phase: „Neuer Selbst- und Weltbezug"

In der vierten Phase ist der Verlust soweit akzeptiert,dass der verlorene Mensch zu einer inneren Figur geworden ist. Lebensmöglichkeiten, die durch die Beziehung erreicht wurden und die zuvor nur innerhalb dieser Beziehung möglich gewesen sind, können nun zum Teil zu eigenen Möglichkeiten werden.

Hierzu ein Beispiel

Eine Witwe in der Trauergruppe, die zeitlebens in dem vom Ehemann aufgebauten Unternehmen mitgearbeitet hat und in dieser Tätigkeit ihre berufliche Identität gefunden hat, führt nach dem plötzlichen Tod ihres Mannes das Familienunternehmen weiter, indem sie einen Geschäftsführer einstellt und sich nach und nach in die Geschäftsleitung einarbeitet.

Ein weiteres Beispiel

Ein Witwer, der mit einer Französin verheiratet war, pflegt die Kontakte seiner Frau zu ihrem Herkunftsland auch über ihren Tod hinaus weiter. Er gründet an seinem Wohnort einen deutsch- französischen Gesprächskreis und organisiert gegenseitige Besuche mit einer französischen Partnergemeinde. Gelingt der Übertritt in die vierte und letzte Phase des Trauerprozesses, dann ist der Trauernde am Ende dieser Phase wieder in der Lage, sich auf seinen persönlichen Lebens- und Entwicklungs- prozess voll und ganz einzulassen. Das bedeutet, dass er das „psychologische" Erbe der vergangenen Beziehung, bestehend aus der Summe aller Lebens- erfahrungen und Entwicklungsmöglichkeiten für sich voll auszuschöpfen weiß, ohne von diesem Erbe in seiner zukünftigen Entwicklung festgelegt oder gar beschränkt zu werden. Vielmehr können neue Beziehungen, neue Rollen, neue Verhaltensmöglichkeiten, neue Lebensstile zukünftig realisiert werden. Dass jede Beziehung vergänglich ist, dass alles Einlassen auf das Leben an den Tod grenzt, wird als Erfahrung integrierbar. Idealerweise kann man sich dann trotz dieses Wissens auf neue Bindungen einlassen, weil man weiß, dass Verluste zu ertragen zwar schwer, aber möglich ist und jeder Abschied auch neues Leben in sich birgt.

Meiner Erfahrung nach ist die erinnernde Liebe an einen Verlust, an einen Verstorbenen ,ein Schlüssel, wenn ich mich frage, was von Dir lebt in mir, durch mich weiter? Z.B. mein Großvater zeigte mir in meiner Kindheit und Jugend lebenspraktische Dinge, z.B. wie man Fische angelt, Reusen setzt, Fische ausnimmt, Hühner, Enten und Gänse aufzieht und schlachtet. Gemeine verbrachte Feriensituationen tauchen bei mir vor dem inneren Auge auf und ich kann seinen Blick spüren, seine Stimme hören, seinen Geruch wieder riechen. Im Hier und Jetzt, in dem Erinnern wird die Verbindung wieder hergestellt. Es ist für mich die Brücke zu ihm wieder da, durch dass mich Hinwenden zu ihm. Zugleich kommt aber auch die Traurigkeit um seinen Tod, meinen Verlust und erfasst mich.

1.6 Leitlinien für die Trauerbegleitung

Trauern stellt ein äußerst komplexes Geschehen dar, das niemals nach einem genormten Trauermodell abläuft. Die nachfolgenden Leitlinien zum Umgang mit Trauernden können daher nur ein Orientierungsrahmen sein, der es professionellen Helfern erleichtern kann, auf die spezifischen Bedürfnisse von Trauernden besser eingehen zu können. Dabei kommt der Trauerbegleitung immer auch eine präventive Aufgabe zu in dem Sinne, trauernde Menschen darin zu unterstützen, dass sie nach einem heilsamen Trauerprozess ihre psychische Funktionsfähigkeit wiedererlangen und sich mittels psychosozialer Bewältigungs- und Adaptionsprozesse an ihre neue Lebenssituation anpassen können.

Begleitung von Angehörigen in der Terminalphase
Aus der Trauerforschung wissen wir, dass die Todesart und die genaueren Umstände des Sterbeprozesses einen wesentlichen Einfluss auf die Trauerbewältigung der Angehörigen haben. In der Regel gilt, dass ein plötzlicher und unerwarteter Tod sowie die Einwirkung äußerer Gewalt, wie beispielsweise bei einem Verkehrs- oder Arbeitsunfall komplexere und langwierigere Trauerverarbeitungsprozesse bei den Angehörigen zur Folge haben, als der „erwartete" Tod eines Angehörigen nach längerer Erkrankung, wenn also genug Zeit für den Abschied blieb. Dies gilt allerdings nur dann, wenn Angehörige und Sterbender sich diesem bewussten Abschiednehmen auch gestellt haben und in der Begegnung zwischen ihnen Unabgeschlossenes 55 noch geklärt werden konnte.

Hier haben Ärzte und Pflegepersonal die Gelegenheit, Sterbende und Angehörige zu einem offenen Umgang miteinander zu ermutigen, den nahen Tod und den damit einhergehenden Abschied behutsam anzusprechen anstatt aus falscher Rücksichtnahme oder eigener Unsicherheit und Angst das Sterben auch noch auf dem Sterbebett zu verleugnen.

Hier braucht es Fingerspitzengefühl und Geduld, denn selbstverständlich kann diese Konfrontation mit der Realität des nahenden Todes den Betroffenen nicht aufgezwungen werden. Oftmals genügt der Hinweis an die Angehörigen dass es ein Bedürfnis von Sterbenden ist, die letzten Dinge regeln zu wollen, um in Frieden gehen zu können. Und zu diesen letzten Dingen gehört eben gerade auch, Ungeklärtes was zwischen dem Sterbenden und seinen Angehörige n stehen könnte soweit wie möglich noch auszuräumen, um in Frieden mit sich und anderen Abschied nehmen zu können. Ärzte und Pflegepersonal können die Angehörigen auch dadurch unterstützen, dass sie ihnen zeigen wie sie mit dem Patienten umgehen können und wie sie mit ihm Kontakt aufnehmen können.

Befindet sich der Patient auf einer Intensivstation und wird viel technisches Gerät eingesetzt, so ist es für Angehörige besonders hilfreich, wenn sie eine für sie verständliche Einweisung und Funktionserklärung dieser Apparate erhalten. Das nimmt ihnen zum einen die eigene Scheu und Unsicherheit im Umgang mit dem Patienten, zum anderen können derartige Informationen dazu beitragen, dass die Angehörigen Stück für Stück die Wahrheit über den fortschreitenden Krankheitsprozess und das bevorstehende Lebensende für sich realisieren können.

Geht dem Tod eine längere Zeit der kontinuierlichen Verschlechterung des Krankheitszustandes mit erheblichem Pflegeaufwand im Rahmen der häuslichen Pflege voraus, so neigen Angehörige oft dazu,sich selbst und andere Familienmitglieder völlig zu überfordern, sei es dass man selbst an körperliche Belastungsgrenzen kommt und seine eigenen Bedürfnisse und Interessen völlig vernachlässigt. Hier spielen unbewusste Schuldgefühle häufig eine wichtige Rolle. Die Angehörigen versuchen in diesem Fall mit ihrer aufopfernden Fürsorge etwas gut zu machen oder dem Sterbenden irgend etwas zu beweisen. Zum Beispiel, dass man doch immer für den Sterbenden da sein wollte obwohl es zeitlebens viele Konflikte oder Zerwürfnisse gegeben hat.

Hierzu das Beispiel

Eine 50 jährigen Frau, die wegen einer depressiven Symptomatik in psychotherapeutische Behandlung kam, besuchte ebenfalls regelmäßig die Trauergruppe. Frau B. erzählte in einer der ersten Begegnungen, dass sie drei bis vier mal in der Woche nach der Arbeit für mehrere Stunden zu ihren hoch betagten Großeltern geht, die beide weit über 90 Jahre alt waren und im Pflegeheim wohnten. Dadurch hatte sie kaum Zeit für sich und es fiel ihr schwer, eigenen Bedürfnissen und Wünschen aktiv nachzugehen. Sie konnte sich anfangs nicht vorstellen an dieser für sie selbst sehr belastenden Situation etwas zu ändern weil sie sich moralisch dazu verpflichtet fühlte. Wenn sie einmal nicht zu den Großeltern gehen konnte, fühlte sie sich sofort schuldig und litt unter quälenden Schuldgefühlen. In der Therapie ging es darum, so erzählte sie in der Gruppe, den biographischen Hintergrund für diese massiven Schuldgefühle aufzuhellen, damit die Frau einen Ausweg aus diesem neurotischen Schuldkonflikt finden konnte. Dabei kam heraus, dass der Großvater neben der Mutter der Frau noch eine ältere Tochter hatte, die verheiratet war und zwei Kinder hatte. Von Kindheit an lebte die Frau mit ihrer Mutter und dem Stiefvater ganz in der Nähe der Großeltern. Die Frau verbrachte dadurch mit Cousin und Cousine viel gemeinsame Zeit bei den Großeltern auf dem Hof.

Die Frau erlebte, dass der Großvater sich liebevoll um seine beiden Enkel der älteren Tochter kümmerte während die Frau sich lediglich „geduldet" fühlte. Sie kam sich „zuviel" vor, bemühte sich zwar stets, dem Großvater alles recht zu machen, was ihr aber niemals gelingen wollte. Wenn es Streit gab, wurde ihr stets die Schuld daran gegeben. Sie fühlte sich an allem schuldig und für alles verantwortlich. Hintergrund der Ungleichbehandlung war, dass die Mutter der Frau ledig schwanger wurde und später einen Mann heiratete, mit dem der Vater nicht einverstanden war. Die Großmutter wollte zwar diese Ungleichbehandlung ihrerseits nicht, war jedoch zu schwach, um sich gegen ihren Mann durchsetzten zu können. Die Mutter der Frau war sehr froh, dass sich die Großeltern um die Tochter kümmerten, weil sie berufstätig war und wollte sich deshalb nicht mit ihrem Vater anlegen. Die Frau besuchte also die Großeltern regelmäßig, während die Enkelkinder der anderen Tochter in Norddeutschland leben und kaum zu Besuch kamen. In den weiteren Begegnungen wurde für die Frau deutlich, dass sie dem Großvater endlich beweisen wollte, „dass sie nicht so schlecht sei, wie er immer geglaubt hatte".

Der alte Mann war jedoch wenig einsichtig geworden mit den Jahren und war sehr barsch und abweisend zu seiner Enkeltochter. Sie konnte es ihm auch jetzt nie recht machen, oft beschimpfte er sie wegen Dingen, die ihn im Heimalltag nicht gefielen, die aber gar nicht von der Patientin zu ändern waren. Die Frau litt sehr unter der Situation, konnte sie aber für sich nicht lassen. Sie vergrub ihren Ärger und die Kränkungen in ihrer Seele und ging für viele Monate weiter zum Großvater. In der Trauergruppe konnte sich die Frau nach und nach, ihren Ärger und ihre Enttäuschung über das immer noch so abwertende Verhalten ihres Großvaters eingestehen. Sie erlaubte sich mit viel Scham- und Schuldgefühlen endlich den Gedanken auszusprechen, dass es für sie eine Befreiung bedeuten würde, wenn der Großvater endlich gestorben wäre. Sie hatte solche Angst, für diese „bösen Gedanken" bestraft zu werden. Dies führte inner-psychisch dazu, dass jegliche aggressiven Impulse schon im Keim abgewehrt werden mussten. Die Verdrängung dieser aggressiven Impulse löste letztendlich die depressive Symptomatik aus, wegen der sich die Frau zeitgleich in psychotherapeutische Behandlung begab. Auch nach dem Tod des Großvaters war es für die Frau ein langer Weg, sich von den neurotischen Schuldgefühlen zu befreien.
Medizinische Helfer können durch einfühlsame Hinweise auf die psychischen und physischen Belastungsgrenzen den Angehörigen helfen, ihre eigenen Bedürfnisse nicht aus dem Blick zu verlieren. Dazu gehört auch, widersprüchliche Gefühle zu dem sterbenden Angehörigen bei sich wahrnehmen zu dürfen und in damit umgehen zu lernen.

Begleitung Trauernder in der Phase des Nicht-wahrhaben-Wollens

Bei einem schweren Verlust steht am Anfang die Verweigerung der Realität. Der Trauernde kann nicht begreifen, dass sein geliebter Mensch tot ist. Was er erlebt ist nicht wirklich real für ihn, sondern bleibt eigentümlich fern, unwirklich und unbegreiflich. Im Schock schaltet der Organismus fast alle Regungen ab und stellt sein Funktionieren auf niedrigstem Energieniveau ein. Es geht jetzt nur darum, das Entsetzliche zu überleben. In diesem Zustand fühlen wir kaum noch etwas, nicht einmal das Entsetzen, den Schmerz oder die Ohnmacht. Wir können nicht mehr richtig denken und fühlen. Nach außen wirken wir aber – für andere oft überraschend – gefasst und ruhig. Doch ist dies nur ein Zeichen dafür, dass der Organismus alles Fühlen und Spüren abgeschaltet hat.

Für die Begleitung von Trauernden in dieser ersten Phase ist es wichtig, die eingeschränkte Denk- und Handlungsfähigkeit des Trauernden wahrzunehmen und ihm die notwendigen Informationen und praktischen Hilfen zur Bewältigung der anstehenden Formalitäten zu geben. Vielleicht gibt es im familiären Umfeld des Trauernden oder in dessen Bekanntenkreis Menschen, die dem Trauernden bei der Bewältigung dieser alltäglichen Besorgungen behilflich sein können. Wenn dies nicht der Fall ist, können soziale und caritative Hilfsdienste in Anspruch genommen werden. Hier ist es jedoch wichtig, dem Trauernden konkrete Anlaufstellen in seiner Umgebung zu nennen oder wenn nötig den Erstkontakt selbst herzustellen. Oftmals sind gerade ältere Menschen damit überfordert, diese Kontakte zu Hilfsdiensten selbst aufzunehmen.

In dieser Phase müssen professionelle Helfer versuchen, einen schwierigen Balanceakt hinzubekommen: einerseits ist es wichtig, den Trauernden spüren zu lassen, dass er nicht allein ist, andererseits dürfen die Helfer den Trauernden aber auch nicht entmündigen oder ganz in Beschlag nehmen.

Der Trauernde braucht einerseits die menschliche Zuwendung und Wärme, muss andererseits aber auch wieder eigenständig weiterleben lernen mit Nachbarn und Familienangehörigen. Es geht also darum, die richtige Balance zu finden zwischen Zuwendung und Nähe einerseits und professioneller Distanz andererseits, damit der Trauernde nicht das Gefühl hat, es würden ihm Versprechungen gemacht, die dann später von den Helfern nicht eingehalten werden können. Entscheidend für eine gute Trauerbegleitung in dieser Phase ist, dass der Trauernde das Gefühl hat, er darf so starr und empfindungslos sein wie er ist und niemand macht ihm daraus einen Vorwurf, wenn er jetzt keine Tränen hat.

Diese erste Phase des Schocks und Nicht-wahrhaben-Wollens dauert bei schweren Verlusten zwischen einigen Tagen und mehreren Wochen an.

Danach sollte durch das allmähliche Aufbrechen der Trauergefühle die nächste Phase eingeleitet werden. Es besteht jedoch die Gefahr, dass der Trauernde in der ersten Phase quasi „hängen bleibt", d.h. auch nach zwei bis drei Monaten noch im Schockzustand ist und keinen Zugang zu seinen Gefühlen findet. Hier ist ein Intervenieren auf jeden Fall ratsam, weil sonst die Gefahr besteht, dass der Trauernde aufgrund der anhaltenden Verdrängungsreaktion psychosomatische Beschwerden entwickelt. Häufig flüchten sich Trauernde in die „Geschäftigkeit" ihres Berufsalltags um den an die Oberfläche drängenden Trauergefühlen zu entkommen.

Tapferkeit, Fassung und stoisches Ertragen der Trauer sind durchaus „Tugenden", mit denen unsere Gesellschaft Trauernde konfrontiert. Es ist weder erwünscht noch konform, sich hemmungslos gehen zu lassen und den Schmerz deutlich zu zeigen. Gefühlsausbrüche wie Weinen, Klagen, Schreien und Schluchzen sind in der Öffentlichkeit nicht erwünscht. Die Trauer hat einen sehr engen Rahmen gesellschaftlicher Toleranz. Wer die herausbrechenden Gefühle von Schmerz und Trauer offen zeigt, läuft ständig Gefahr, aus dem Rahmen zu fallen. Dieser gesellschaftliche Anpassungsdruck, dem sich der Trauernde ausgesetzt fühlt kann eine Ursache für die Verlängerung der Erstarrungsphase über das gesunde Maß hinaus sein: der Trauernde hat Angst davor, dass seine Gefühle, wenn er sie zeigt, nicht akzeptiert werden und ihm von anderen Unverständnis entgegengebracht wird, oder er gar von anderen geschnitten wird. Die allgemeine Unfähigkeit unserer Gesellschaft, mit diesen schwierigen Seiten menschlichen Daseins umzugehen und die einseitige gesellschaftliche Fixierung auf Vitalität, Jugendlichkeit und Leistungskraft macht es Trauernden heute zusätzlich schwer, einen heilsamen Umgang mit ihrer Trauer zu lernen. Hier können Selbsthilfegruppen und professionell begleitete Gesprächsgruppen, Trauergruppen, oder Trauerseminare einen wichtigen Begegnungsraum für Trauernde eröffnen.

Die Begleitung Trauernder in der Phase der aufbrechenden Gefühle

In dieser Phase weicht die innere Erstarrung der Gefühle langsam dem überwältigenden Anbranden ganz unterschiedlicher Gefühle. Wahllos und zunächst vollkommen ungeordnet, durchlebt der Trauernde meist in kürzester Zeit die unterschiedlichsten Gefühle wie lähmende Angst, brennender Schmerz, bodenlose Trauer, quälende Schuldgefühle, gewaltige Wut-ausbrüche, zwischendurch aber auch sehr berührende Momente intensiver Liebe und Verbundenheit mit dem Verstorbenen, sowie tiefe Dankbarkeit für das Geschenk der glücklichen Momente zu Lebzeiten des Verstorbenen. Antje Uffmann hat in ihrem Buch „Trauern – und leben!" - einem sehr einfühlsamen Begleit- und Arbeitsbuch für Trauernde - die inneren Gefühlszustände, die Trauernde durchleben mit symbolischen Bildern und Orten einer inneren Trauerwelt beschrieben. Es handelt sich dabei um archaische Seelenbilder die sich auch in der Psychologie des kollektiven Unbewussten von C.G. Jung wieder finden.

Ich möchte im Folgenden, die innere Trauerwelt, in der sich Trauernde in dieser Phase befinden, anhand einiger dieser Seelenbilder näher bringen.

Im finsteren Tal der Angst bin ich gefangen

„ Ich sehe in meiner Fantasie eine dunkle unheimliche Schlucht im Gebirge. Schwarz und steil ragen zu beiden Seiten die Felsen der Berge auf. Es ist Nacht, kein Mondstrahl erhellt den Weg. Der Trauernde ist ganz allein. Dieses Tal muss nun durchschritten werden. Es lauern viele Gefahren. In der Dunkelheit kann sich Furchtbares verbergen.

Wer hier steht und hindurchgehen muss, spürt Beklemmung und Angst. Das Wort Angst ist aus Enge entstanden. Sie kann sich wie ein enger Panzer um die Brust legen und den Atem abschnüren. Sie kann lähmen. Wer in dem dunklen Tal steht, spürt diese Angst und will keinen Schritt mehr weitergehen. Zitternd und mit angehaltenem Atem bleibt er stehen. Das eigene Herz klopft so laut, dass es im ganzen Tal wiederhalt.. Das finstere Tal ist eine Seelenlandschaft, in der die Angst herrscht." Die Metapher vom finsteren Tal steht für die Erfahrung existentieller Angst. Existentielle Angst lässt erstarren oder lähmt, beengt, beklemmt, verschließt. Sie lässt sowohl erzittern und schlottern als auch verstummen, sprachlos und leise werden, als auch fassungslos, bis zum Schrei des Entsetzens. Sie beeinträchtigt alle Empfindungen und Lebensäußerungen. Das normale Leben wird wenn möglich irgendwie zwar weitergelebt, innerlich herrscht namenlose Bedrohung oder Furcht vor kommenden Ereignissen, mit allen Zeichen der Krise. Manchmal ist der Boden für den Betroffenen nicht mehr spürbar.

Ein Beispiel

Ein vierunddreißig Jahre alter Mann, der seine Frau durch einen Unfalltod verloren hatte, beschreibt in einem längeren Seelsorgegespräch diese Erfahrung existentieller Angst wie folgt: „Ich musste aus der Erstarrung aufwachen, da waren ja noch die beiden Kinder. Ich musste mich auch um die Todesanzeige kümmern. Aber ich hatte eine solch grauenhafte Angst, ich hatte Angst, keinen Tag mit den Kindern allein überleben zu können, ich fühlte mich wie gelähmt vor Angst, ich dachte, ich könne nicht mehr weiterleben. Mein zehnjähriger Sohn nahm mich bei der Hand und sagte: Wir sind ja auch noch da, Papa. Diese Angst kam auch später immer wieder. Manchmal ganz plötzlich, ohne richtigen Anlass, hatte ich das Gefühl, mein Leben nicht mehr auf die Reihe zu bekommen und allem und jedem hilflos ausgeliefert zu sein. Bei diesem Gedanken ergriff mich ein unkontrollierbares Zittern und es stieg eine innere Kälte in mir hoch und ich begann fürchterlich zu frieren".

Die Atmosphäre im Raum um einen Menschen mit dieser existentiellen Angst beengt und beklemmt oder flattert unruhig. Sie veranlasst Hinzukommende, die Atmung einzuschränken und Lebensäußerungen zu reduzieren. Existentielle Angst kann ansteckend wirken und auf andere übergreifen und in der Folge der Ansteckung beim Gegenüber entsprechende Abwehrreaktionen hervorrufen. In der Psychologie wird dieses Phänomen als Gegenübertragung bezeichnet.

Häufig führt eine derartige Gegenübertragung bei professionellen Helfern und anderen Bezugspersonen dazu, dass der Kontakt zum Trauernden unbewusst vermieden wird. Trauernde erleben diese Vermeidungstendenz oft als „gemieden oder gar geschnitten werden", was sie zusätzlich noch verunsichert und sich einsam fühlen lässt. Hilfreich ist ein Mensch, der diese existenzielle Angst des Trauernden mit seinem Wesen aufzunehmen vermag und in der Lage ist, seinen persönlichen Raum in der Atmosphäre der Bedrängnis und höchsten Angst bewusst auszufüllen und damit dem Trauernden schrittweise ermöglicht, seinen eigenen persönlichen Raum wiederzugewinnen. Bewusste, kurzzeitige, innere Distanzierung, nicht Distanziertheit und emphatisches Zuhören helfen dem Begleiter in solchen Situationen, im „eigenen Boot" zu bleiben und nicht „mit dem anderen zu ertrinken". Im Einzelnen zeigt sich das darin, dass der Atem des Trauernden zu fließen beginnt und damit Erstarrung und Lähmung in seinem Körper wieder nachlasen. Innerer und äußerer Raum weiten sich, der Trauernde kommt bildlich aus der Enge des tiefen Tales heraus, sein Fühlen und Erleben setzten von Neuem ein. Auf diese Weise kann die namenlose Angst als menschliche Grunderfahrung spürbar und vom Trauernden bewusst mit Worten ausgedrückt werden.

In der trostlosen Wüste weine ich bittere Tränen

„Immer wieder wird der Trauernde in der Seelenlandschaft der trostlosen Wüste umherirren und bittere Tränen weinen. Die Wüste ist eine trostlose Landschaft. Endlos dehnen sich Sanddünen, Stein- und Geröllfelder und dorniges Gestrüpp aus. Alles ist braun und ausgetrocknet, weit und breit kein grüner Strauch, kein Lebenszeichen. Der Trauernde geht durch diese Landschaft, doch es gibt kein Ziel und keine Richtung. Wohin soll er denn gehen? Die Wüste sieht endlos aus. Jeder Schritt schmerzt, und die Dornen reißen Wunden. Trostlosigkeit und Verzweiflung ergreifen ihn. Irgendwann setzt sich der Trauernde auf einen großen Stein und fängst an zu weinen. Die Tränen zeigen, dass er nun verstanden hat, wie es um ihn steht. Die Realität der Wüste hat ihn eingeholt."

Tränen sind eine Hilfe, die unser Körper uns in dieser schweren Zeit gibt. Tränen der Trauer schmecken bitter, sie haben eine besondere biochemische Zusammen-setzung und enthalten ein körpereigenes Schmerzmittel. Dadurch wirken sie beruhigend. Jeder kennt das Gefühl, wenn nach langem Weinen Ruhe eintritt. Wer nicht weinen kann, hat irgendwann in seinem Leben durch das Weinen Verletzungen erlitten. Z.B. hat er erlebt, dass er für seine Gefühle bestraft oder von anderen gehänselt

43

wurde. Oder es wurde ihm vermittelt, dass Gefühle ein Zeichen von Schwäche seien. Besonders Männer haben in ihrer Erziehung häufig gelernt, dass es sich für einen Jungen nicht gehört, seinen Tränen freien Lauf zu lassen, frei nach dem Motto „ein Indianer kennt keinen Schmerz". Trauernde, die nicht oder nur nach innen weinen können brauchen einen äußeren Schutzraum durch mitfühlende Begleiter, die selbst ihre Gefühle zulassen können und dadurch dem Trauernden ohne Worte die Erlaubnis geben, seine Tränen fließen zu lassen.

Schuldgefühle ziehen mich in ihren Bann

In dem aufbrechenden Gefühls-Chaos der zweiten Phase spielen Schuldgefühle eine wichtige Rolle. Dabei kreisen die Schuldvorwürfe um unterschiedliche Themen: Hätte ich den Tod irgendwie verhindern können? Tritt der Tod durch ein unvorhersehbares Ereignis wie beispielsweise ein Unfall oder eine plötzliche Krankheit, wie Herzinfarkt ein, so stellt sich der Hinterbliebene immer wieder die quälende Frage, was wäre gewesen, wenn ..... z. B. bei einem tödlichen Fahrradunfall: was wäre gewesen, wenn der geliebte Mensch an diesem Morgen nicht mit dem Fahrrad zur Arbeit gefahren wäre, sondern das Auto genommen hätte. Möglicherweise ist er ja nur mit dem Fahrrad gefahren damit der Hinterbliebene die Wocheneinkäufe mit dem Auto erledigen konnte. Oder bei einem Badeunfall im Urlaub aufgrund eines Herzinfarktes: was wäre gewesen, wenn wir nicht auf dieser einsamen Insel Urlaub gemacht hätten und ärztliche Hilfe schneller da gewesen wäre. Oder der Trauernde wirft sich selbst vor, dass er nicht vor dem Urlaub den geliebten Menschen dazu gedrängt hatte, noch einen Arzttermin auszumachen, weil er in letzter Zeit öfter mal über Herzbeschwerden geklagt hatte.

Diese Fragen nach der Beteiligung und möglichen Schuld, lassen sich vom Trauernden nicht vermeiden. Sie sind Ausdruck der Verantwortung, die er für seinen Angehörigen übernommen hat. Verantwortung aber ist wiederum ein Zeichen der Liebe und Verbundenheit zwischen zwei Menschen. Für einen gesunden Umgang mit diesen Fragen und Selbstvorwürfen ist es zunächst wichtig, dass der Trauernde sie alle in Ruhe durchgehen und mit einem verständnisvollen Gegenüber durchsprechen kann. Viele Vorwürfe werden sich auf diese Weise auflösen lassen.

Kommt der Trauernde dann zu dem Schluss, dass er tatsächlich durch sein Verhalten zum Tod des Angehörigen beigetragen hat, dann wird das zunächst den Trauernden sehr belasten. Der Betroffene kann sich lange Zeit die Schuld anlasten und sich damit quälen. Dies wäre zwar verständlich und doch hindern diese Selbstvorwürfe den Trauernden daran, dass er die Liebe zum Verstorbenen in den Mittelpunkt stellen kann und damit in seinem Trauerprozess voranschreiten kann. Anstatt sich mit Selbstvorwürfen zu geißeln, ist es für einen heilsamen Umgang mit Schuldgefühlen viel ratsamer, zu dem erkannten Schuldanteil zu stehen und damit dem verstorbenen Angehörigen gegenüber zutreten und ihn um Verzeihung zu bitten. Dadurch kann im Trauernden seine Liebe zum Verstorbenen wieder in den Mittelpunkt rücken und gleichzeitig eröffnet die wieder zugelassene Liebe den Raum für das Verzeihen. Wenn Trauernde diese Möglichkeit nicht selbst intuitiv finden und in einen inneren Dialog mit dem Verstorbenen treten, so kann ein einfühlsamer Begleiter den trauernden Menschen auf diese Möglichkeit der inneren Versöhnung auch über den Tod hinaus hinweisen.

Ich fühle mich schuldig, weil ich lebe und du sterben musstest

Warum musste der geliebte Mensch sterben, warum er und nicht ich? Das ist ein Gedanke den viele Hinterbliebene hegen, insbesondere wenn der Verstorbene noch weit vor dem natürlichen Todesalter sterben musste oder aber der Hinterbliebene ist deutlich älter, wie sein verstorbener Angehöriger. Allein die Tatsache, dass der Hinterbliebene lebt und der geliebte Mensch nicht mehr leben darf, kann zu einer unerträglichen Bürde werden, die nicht selten durch den Gedanken, dem Verstorbenen nachfolgen zu wollen, im Hinterbliebenen Todessehnsucht und Suizidgedanken wecken kann. Für die Begleitung des Trauernden in dieser Phase ist es von großer Bedeutung, den Trauernden dazu zu ermutigen seine Überlebensschuld offen auszusprechen und sie als inneres Schulderleben im Rahmen der Trauerverarbeitung als verständliches Phänomen anzunehmen. Erst wenn das Schulderleben angenommen und in der Tiefe verstanden wird, ist es möglich, die darin gebundene Liebe des Trauernden zu dem Verstorbenen wahrzunehmen und frei zu setzten. Dann kann sich das Schuldgefühl in diese Liebe zum Verstorbenen hinein auflösen. Wenn Begleiter diese existentielle Schulderfahrung des Trauernden selbst nicht aushalten können oder meinen, ihm dies Schuldgefühle „abnehmen" zu müssen, kommt es häufig zu dem Versuch, dem Trauernden seine „Schuldgefühle" mit rationalen Argumenten quasi „ausreden" zu wollen. Dies bewirkt bei dem Trauernden, dass er sich mit seinem Erleben nicht verstanden fühlt, ja sich regelrecht für sein Empfinden rechtfertigen muss. Zu der Belastung durch die Schuldgefühle kommt in diesem Fall noch das Gefühl des „Nicht-verstanden-Werdens" hinzu. Der Trauernde fühlt sich nicht nur schuldig sondern darüber hinaus auch noch einsam und alleingelassen.

Der Vulkan - Wut ebnet neue Wege in der Trauerverarbeitung

Der Trauernde kommt im Laufe des Trauerprozesses auch immer wieder in Kontakt mit einem der vitalsten Gefühle, zu denen wir Menschen fähig sind: dem Gefühl der Wut und des Zornes. In der Bilderwelt der Seele steht der Vulkan für diese Gefühlsqualität. In seinem Inneren brodelt und kocht es. Wenn der Vulkan zum Ausbruch kommt, dringt durch den Vulkanschlot das glühende Magma empor und wird aus dem Krater hoch geschleudert. Die erste Entladung ist sehr heftig. Es folgen dann eine Reihe weiterer Schübe, die mit der Zeit immer schwächer werden. Der Vulkanausbruch kann als Bild für die aus dem Trauernden heraus brechende Wut genommen werden. Der Trauernde fühlt sich vom Verstorbenen im Stich gelassen, er ist deshalb wütend auf die vermeintliche Ursache des Todes (die Krankheit oder den Unfall-Verursacher) oder das Schicksal allgemein, wenn er religiös ist manchmal auch auf Gott. Für die Trauerbegleitung ist wichtig, die anbrandende Wut, wie sie für den Trauernden selbst zunächst unkontrollierbar hervorbricht nicht allzu ernst und schon gar nicht persönlich zu nehmen. Wütende Worte dürfen nicht auf die Goldwaage gelegt werden. Sie haben ihr Gewicht nur im Moment der Entladung. Wenn die Wut verraucht ist, können sich auch die wütende Worte in Luft auflösen und mit dem Rauch verschwinden. Ist ein Vulkanausbruch vorüber, erkaltet die Lava und eine neue Erdschicht entsteht. Auch nach einem Wutausbruch verändert sich etwas im Trauernden. Es gibt eine neue

Ebene, auf der sich der trauernde Mensch mit sich selbst und seinem Verlust auseinandersetzten kann.

Die Begleitung während der Phase des Suchens, Findens, Trennens

Diese Phase ist durch die intensive Suche des Trauernden nach dem Verstorbenen gekennzeichnet. Zunächst erfolgt die Suche in der äußeren Welt. Der Trauernde sucht die Orte auf, an denen er sich dem geliebten Menschen besonders nahe fühlte. Die äußere Suche setzt im Inneren des Trauernden einen Erinnerungsprozess in Gang. Der Trauernde vergegenwärtigt sich wichtige Momente in der Begegnung mit dem Verstorbenen. Er findet durch diese Erinnerungsarbeit den geliebten Menschen quasi neu, jetzt allerdings nicht mehr in der äußeren Realität, sondern in seinem inneren Seelenraum.
Erinnerungen sind ein sicherer Ort für den Verstorbenen. Hier finden wir ihn immer wieder und hier können wir ihn selbst aufsuchen. Die mit dem Verstorbenen einmal gelebte Wirklichkeit, ist eine nicht aufzulösende Wirklichkeit. Diese Realität ist einmal in die Welt getreten und hat im Gedächtnis des Universums Spuren hinterlassen – nicht zuletzt in den Gedächtnissen der Hinterbliebenen. Dies bleibt als Wirklichkeit gesichert – gewissermaßen in alle Ewigkeit. Dieser Gedanken könnte auch skeptische oder areligiöse Menschen zumindest ahnen lasen, dass es mehr geben könnte, dass mit dem Tod nicht „alles aus" ist. Trauernde können so in dem Satz von Novalis Trost finden: „ Erinnerung ist das Paradies, aus dem wir nicht vertrieben werden können." Der Trauernde kann nicht für immer in dieser Erinnerung an den Verstorbenen bleiben. Jede noch so tröstliche Erinnerung, muss auch wieder verlassen

werden. Und jedes Beenden einer Erinnerung ist wie ein erneuter kleiner Tod, und macht bewusst, dass das eben Erlebte vergangen ist und dass es mit dem Verstorbenen nie mehr real so erlebt werden kann. Deshalb sind Erinnerungen auch Erinnerung an die Realität des Todes und damit schmerzlich. Sie führen den Trauernden auch in dieser Phase wie in den vorangegangenen Phasen immer wieder in Zustände tiefer Verzweiflung und Verlassenheit, in denen der Trauernde das Gefühl hat, dass sein Leben nie wieder so sein wird wie zuvor, dass es auch nie wieder wirklich lebenswert sein wird und der Gedanke an den eigenen Tod als einziger Ausweg kann konkrete Gestalt annehmen. Diese Phase des Suchens und Sichtrennens kann Monate bis Jahre dauern. Für Freunde und Angehörige, aber auch professionelle Helfer, besteht die Herausforderung vor allem darin, diesen Prozess mit seinen unendlichen Wiederholungen auszuhalten. Es kann für den Begleiter sehr beschwerlich sein, immer dieselben Geschichten über den Verstorbenen zu hören, und dennoch wird bei jeder einzelnen Erinnerungsschleife die der Trauernde dreht, der Verstorbene ein wenig mehr verinnerlicht, so dass dadurch sein Verlust in der äußeren Realität etwas mehr angenommen werden kann. Wenn sich Trauernde diesem schmerzlichen Prozess des Gewahrwerdens des unwiederbringlichen Verlustes des Verstorbenen verschließen, so besteht die Gefahr, dass sie an dieser Stelle im Trauerprozess „feststecken" und nur noch rückwärts gerichtet an der Vergangenheit festhalten. Es gelingt ihnen dann auch nach Jahren nicht, sich wieder für ihr eigenes gegenwärtiges Leben zu öffnen und sie können sich auch nicht den Herausforderungen und Möglichkeiten der Zukunft stellen. Hier ist oftmals psychotherapeutische Hilfe erforderlich um den ins

Stocken geratenen Trauerprozess wieder in Fluss zu bringen, damit der Trauernde seinen Trauerprozess mit der letzten Phase des neuen Selbst- und Weltbezugs heilsam abschließen kann.

Ablösung aus der Trauer, die Phase des neuen Selbst- & Weltbezugs

Voraussetzung für einen guten Abschluss des Trauerprozesses ist es, dass der Verstorbene im Verlauf der vorherigen Phasen für den Trauernden eine „innere Figur" geworden ist. Damit ist gemeint, dass der Trauernden den Verstorbenen jetzt als einen „inneren Begleiter" erleben kann, mit dem er sich auseinander setzten und beraten kann und der sich mit der Zeit auch wandeln darf. Weiterhin eröffnet der Verstorbene als „innere Figur" dem Trauernden die Möglichkeit, dass vieles, was zuvor in der Beziehung zum Verstorbenen gelebt wurde, nun seine eigenen Möglichkeiten geworden sind. Er kann damit auch neue Rollen übernehmen, die das Leben jetzt von ihm verlangt. Je mehr er neue Eigenschaften bei sich entdeckt, die vielleicht früher der geliebte Mensch verkörpert hat, umso eher gewinnt der Trauernde wieder sein Selbstvertrauen und seine Selbstachtung zurück.Der Trauernde wird dadurch fähig, sein verändertes Leben selbst bestimmt zu gestalten und sich neuen Aufgaben und Herausforderungen zu stellen. Er wird auch zunehmend fähig und bereit, sich auf neue Beziehungen zu anderen Menschen einzulassen. In dieser Phase kann sich der Trauernde auch schrittweise von den Menschen lösen, die ihn in seiner Trauer begleitet haben.

Er kann professionelle Helfer und Trauerbegleiter zunehmend entbehren. Wenn es in dieser Phase zu Schwierigkeiten kommt, so liegt dies meistens nicht im

Trauernden selbst begründet. Für die Helfer bedeutet das Erreichen dieser Phase der Trauerbewältigung, dass sie ihre Aufgabe erfüllt haben und nun den Trauernden ihrerseits in sein neues Leben entlassen müssen, was manchmal nicht ganz leicht fällt. So können die Begleiter plötzlich zu Hemmenden werden, wenn sie diese neue Selbstständigkeit und die Veränderung des Trauernden nicht akzeptieren, diesen vielleicht nur allzu gern in seiner hilflosen Situation stabilisieren wollen, um ihrerseits die großen Helfer bleiben zu können. Es gehört zu einem gelungenen Trauerprozess, dass der Trauernde sich verändert und dem gemäß natürlich auch neue Beziehungen eingeht. Gerade in Bezug auf die Abschlussphase der Trauerbegleitung ist es sehr hilfreich, wenn der Begleiter von Anfang an, immer wieder mal darauf hinweist, dass es das Ziel der Begleitung ist, den Trauernden in seiner Trauer beizustehen, aber dass der Tag kommen wird, an dem der Trauernde seine Trauer überwunden haben wird und dann auch die Ablösung aus der Begleitung anstehen wird, weil der Trauernde die Begleitung durch den professionellen Helfer dann entbehren kann. Auf diese Weise kann man dem Gefühl des Trauernden vorbeugen, er dürfe aus lauter Dankbarkeit und Rücksichtnahme auf seinen Trauerbegleiter, nicht den Wunsch entwickeln, auch wieder ohne professionelle Hilfe sein Leben selbst in die Hand zu nehmen. So muss auch für die Trauerbegleitung wie für jede andere Form der professionellen Beratung oder Psychotherapie das Ziel sein, Hilfe zur Selbsthilfe zu geben.

Wir haben die einzelnen Etappen und Wegstationen des Trauerprozesses genauer untersucht und uns dabei die Frage gestellt, was brauchen Trauernde um diesen schwierigen Weg durch die Trauer meistern zu können und wie können Angehörige und professionelle Helfer den Trauernden dabei begleiten und unterstützen. Trauerarbeit ist zu einem großen Teil Erinnerungsarbeit, bei der der Trauernde sich immer mehr und intensiver Erinnerungen „erarbeitet", die zu einem tiefen, inneren Wandlungs- und Entwicklungsprozess führt. Durch den Tod des geliebten Menschen hat sich das Leben des Trauernden unwiederbringlich gewandelt. Gelingt es diesem Menschen jedoch, sich auf den heilsamen Weg der Trauerverarbeitung einzulassen, so durchlebt er einen inneren Reifungsprozess der seine innere Erfahrungswelt zunehmend reicher macht.

1.7 Trauergedanken

Was genau bedeutet der Prozess des Trauerns, und welche Probleme können auftreten? Aus der Geschichte heraus gibt es das „Trauerjahr". Das heißt, innerhalb eines Jahres durchläuft der Trauernde die vier Phasen der Trauer. Doch es gibt mehr und mehr Ausnahmen: Zum Beispiel ein plötzlicher Tod, der vollkommen unerwartet kommt. Dies kann der plötzliche Herztod ebenso sein wie der Verkehrsunfall.

Ein weiteres Beispiel
Wenn Eltern ihr Kind verlieren, dauert der Trauerprozess um ein vielfaches länger, da der Kreislauf des Lebens außer Kraft gesetzt wurde (das Kind stirbt vor den Eltern). Hier haben wir oft mit einer Verlängerung der Trauerphasen zu tun, die vollkommen richtig und normal ist. Wenn jedoch nach 20 Jahren das Kinderzimmer immer noch unberührt wie am Tag des Todes ist, können wir mit hoher Wahrscheinlichkeit davon ausgehen, dass die Eltern die Trauerphasen nicht alle durchlebt haben. Oder der Sohn, der den gesamten Haushalt des Vaters sofort nach der Beerdigung auflöst – kein Bild, kein Erinnerungsstück bleibt zurück. Über den Vater wird nicht mehr gesprochen, es ist fast so, als hätte es diesen Menschen nie gegeben (evtl. auch noch kombiniert mit einer anonymen Beerdigung) Auch hier können wir davon ausgehen, dass es eine Störung des Trauerprozesses gibt. Wie können wir als Begleiter auf Augenhöhe Menschen helfen, die in diesem Prozess in einer Phase „stecken bleiben". Den Weg der Trauer gehen – ein Stück gemeinsam. Dazu gehört für mich auch, dass sich der Begleiter mit der Endlichkeit seines Seins auseinandersetzt - und das Licht der Lebensfreude erkennt und weitergeben kann. Ebenso, dass der

Begleiter sich mit den Phasen der Trauer auseinandersetzt und sie erkennen kann. Der Prozess des Trauerns trifft übrigens nicht nur auf Todesfälle zu. Auch der Verlust einer Beziehung und anderes führen in einen Prozess des Trauerns. Die Phasen der Trauer nicht zu unterdrücken – nicht wegzureden oder schönzureden - sondern ihnen Platz und Raum zu geben, dies ist das Ziel der Trauerarbeit.

1.8 Hilfreiche Fragen & praktische Traueraufgaben

Was hätte ich noch gerne mit dem Verstorbenen geklärt oder besprochen? Ich kann die offen gebliebenen Themen mit einen vertrauten Menschen besprechen.

Wo oder wobei fehlt mir der Verstorbene am meisten? Ich kann meine Erinnerungen aufschreiben und sammeln. Ich kann Fotos, Videos, Anrufbeantworter, etc. sammeln.

Was kann mir helfen, bewusst Abschied zu nehmen? Ich kann meine eigene Form des Abschiednehmens finden.

Welche positiven und welche herausfordernden Dinge habe ich in meiner rauer schon erlebt? Ich kann versuchen, im Hier und Jetzt, im Heute zu leben und zulassen, dass es mir so geht, wie es mir geht.

Was geht für mich weiter, wenn schon das Leben nicht weitergeht? Wenn mir in den vergangen Tagen und Wochen etwas gutgetan hat, kann ich versuchen, mehr davon zu machen oder zu bekommen.

Habe ich mir in meiner Familie gemeinsam Gedanken über Bestattung und die damit verbundenen Fragen gemacht? Ich kann Freunde und Nachbarn nach guten Erfahrungen mit Bestattern fragen, für zukünftige Todesfälle und meinen „einen"

Wie will ich in Zukunft Trauernden beistehen, wenn nicht mit Worten? Ich kann mir eigene, ehrlichen Beileidsbekundungen überlegen, um meine Anteilnahme auszudrücken, ohne Floskeln zu benutzen.

Was kommt mir an mir selbst noch bekannt vor, was nicht? Wenn ich wieder denke, dass ich oder die ganze

Welt W"verrückt" ist, dann kann ich jemanden vertrautes anrufen, zur Not auch die Telefonseelsorge.

Was gibt es noch an Feststehendem in meinem Leben, an dass ich mich halten kann? Die Herausforderungen für heute reichen. Ich kann versuchen, mir nicht zu viele Sorgen zu machen.

Was und wie könnte ich meinem Körper, meiner Seele und meinem Geist etwas Gutes tun? Wenn mir für Sport die Kraft fehlt, kann ich versuchen, hin und wieder an die frische Lust zu gehen, an schöne, wohltuende Orte (Wald, Meer, Seen) Ich kann mir ganz bewusst etwas Gutes gönnen, schöne Musik, ein Konzert, Klassik, gutes Essen etc.).

Wie kann ein gesunder Egoismus für mich im Moment aussehen? Ich kann Kontakte zu Menschen reduzieren, die mich anstrengen. Ich kann stattdessen den Kontakt zu denen suchen, die mir guttun.

Auf wen oder was bin ich wütend? Ich kann meine Aggression abreagieren durch körperliche Aktivität (Holz hacken, Joggen, Boxen etc.)

Was könnte mir heute Kraft geben, damit ich diesen Tag überleben kann? Ich kann meine kleinen Schritte würdigen. Z.B. morgens aus dem Bett zu kommen.

Was könnten andere für mich erledigen, um mich zu entlasten? Ich kann aktiv um Unterstützung bitten, dass ist zwar schwer, kann aber guttun. Ich kann gezielt Menschen aus meinem Umfeld ansprechen, wenn ich Hilfe brauche.

Wer braucht vielleicht meine Schulter und ein offenes Ohr? Ich kann in guten Zeiten in Freundschaften investieren und die pflegen, die ich habe.

Über welche Aussage oder Handlung eines anderen habe ich mich gefreut? Ich kann meine Freude darüber, demjenigen mitteilen. Ich kann mir Trauergruppen oder Selbsthilfegruppen in meiner Nähe suchen, Kontakt zu anderen Trauernden herstellen, mich austauschen z.B. über das Internet, Annoncen, Zeitungen suchen.

Wie kann ich dazu beitragen, dass der Verstorbene nicht in Vergessenheit gerät? Ich kann andere Menschen bitten, Erinnerungen an den Verstorbenen mit mir zu teilen.

Welche Fragen quälen mich weiterhin? Ich diese Fragen hinausschreien, Gott anklagen, sollte sie aber nicht stumm in mir lassen, sondern ihnen einen Ausdruck verleihen, egal wie.

Gibt es jemanden, dem ich noch nicht vergeben habe? Ich mir selbst, oder einem anderen Menschen? Wenn ich mich schuldig fühle, kann mir vielleicht auch ein Beichtgespräch mit einem Geistlichen oder Freund weiterhelfen.

Wo möchte ich Veränderung, wo möchte ich klarer werden? Ich brauche nicht alles zu sagen, was ich denke, aber ich kann versuchen, was ich sage, ehrlich zu meinen. Dabei kann ich meine Gefühle wahrnehmen und sie benennen.

Fällt es mir schwer, Hilfe anzunehmen? Ich kann versuchen, ehrliche Hilfsangebote von Menschen anzunehmen. Ich kann versuchen, diesen Menschen

Ehrlichkeit zu unterstellen, ohne dass sie eine Gegenleistung verlangen.

Welche Hindernisse habe ich in meiner Trauer schon überwunden? Ich kann mir selbst Zeit beim Trauern geben. Es ist mein Prozess, meine Entscheidung, wie lange ich trauere.

Wie trauere ich? Ich kann mich mit anderen Trauernden über ihre Art der Trauer austauschen.

Wofür bin ich am meisten dankbar? Wovor habe ich am meisten Angst? Ich kann mir meine Gedanken und Erinnerungen aufschreiben. Ich kann ein Erinnerungsbuch, ein Video, ein Fotobuch mit den Lebensstationen des Verstorbenen anfertigen.

Habe ich mich schon mit meinem Testament, Vorsorgevollmacht, Patientenverfügung usw. beschäftigt? Ich kann mir eine Liste mit Dinge erstellen, die ich noch erleben möchte, später machen will, bevor es zu spät ist (Ich-lebe-jetzt-Liste). Ich kann mir Vordrucke, Rat bei Ärzten, Rechtsanwälten und Notaren, aber auch Hilfsorganisationen und Kliniken suchen, zu den Themen Vorsorgevollmacht, Patientenverfügung.

Was möchte ich mir heute gönnen? Ich kann mir eine Notfall-Liste schreiben, mit konkreten Menschen und Dingen, die mir guttun, wenn es mir richtig schlecht geht (Partner, Freunde, Haustier, Kuscheltier, Musik).

1.9 Das Mäeutische Kurzgespräch

Formal umfasst das mäeutische Kurzgespräch nach Timm Lohse alle Gespräche, die „einmalig" gedacht sind, vom Ansatz her, egal ob sie sich zufällig ergeben, verabredet wurden, zum beruflichen Setting gehören, z.B. Kranken-, Gefangenen-, Telefonseelsorge etc.. Dazu zählen auch Gespräche, im Rahmen einer längeren Beratungssequenz, Kasualgesprächen, oder anderen Anlässen, wie Geburtstagsbesuchen, sich wiederholenden Seelsorgegesprächen. Die Art des offenen Fragens kann jedoch jeder üben, beherzigen und praktizieren. Geschlossene Fragen, Ja-Nein-Fragen, oder Warum-Fragen bringen keinen Fortschritt in der eigenen Lösungsfindung. Es soll auf gleicher Höhe geführt werden, auf „eye-level", gleicher Augenhöhe, „Ich-zu-Ich-Level. Inhaltlich meint der Begriff „Mäeutisch" eine zukunftsorientierte Kurzberatung, die die ratsuchende Person in kurzer Zeit auf den bündigen Punkt bringt, die eben kurz und bündig ist. Gelegenheiten für ein zukunftsorientiertes Kurzgespräch bieten sich im Alltag zu jeder Zeit und an allen Ecken und Kanten des Lebens. Es gilt für die beratende Person, diese Gelegenheiten als für ein zukunftsorientiertes Kurzgespräch günstige zu erkennen und sie zu nutzen. Die beratende Person, welche für diese Art der Alltagsseelsorge bereit ist, ergibt sich aus ihrer Fähigkeit, auf die sich bietenden Gelegenheiten angemessen einzugehen - so die Grundhaltung. Es gilt, sich Maßstäbe für die eigene Lösungskompetenz und „Qualifizierung" der Situation anzueignen und Anleitungen für konkrete Verbalisierungen und praktische Verhaltensweisen zu geben. Ein erster Ansatzpunkt liegt in einer einleuchtenden Erkenntnis: Die pastoralpsycholgischen und beraterischen Methoden gehen letztlich von einem therapeutischen, unterstützenden Ansatz aus und sie setzen meist einen Beratungsprozess mit einer Gesprächsfolge voraus. Das hat seine Richtigkeit und seine Wirkung. Dennoch läuft diesen Ansätzen die Gegebenheit der "Einmaligkeit" des Kurzgesprächs zuwider. In einer einmaligen, oft auch kurzen Gesprächssituation, lässt sich wenn überhaupt, weder Widerstand noch Übertragung befriedigend bearbeiten. Auch ist es nicht die erklärte Absicht der anfragenden Person, psychologisch, beraterisch oder therapeutisch "behandelt" zu werden. Sie sucht und will ein Gegenüber, um über die Aussprache zu sich selbst zu finden. Das Element der Zukunftsorientierung, der "Hoffnung" ist ein weiterer Ansatzpunkt. Jede anfragende Person hofft, über ein seelsorgliches Gespräch im Alltag in ihrem Glauben an das Leben, an ein wieder befreites Leben bestärkt zu werden. Timm Lohse hat aus diesen Ansätzen eine Methodik der Alltagsseelsorge entwickelt, die sich von der Würdigung des Problems oder Konflikts abwendet - mit all dem, was diese Würdigung impliziert: wie Konflikttheorien oder Problemdiagnosen. Stattdessen kümmert sich zukunftsorientierte Alltagsseelsorge konsequent um die Würdigung des Lebens und setzt alles daran, dass der fragende, rat- und hilfesuchende Mensch zu der ihm (von Gott / Vernunft) gegebenen potentiellen Komplexität zurückfindet. Das ist eine Kehrtwendung um 180 Grad, bildlich gesprochen, hinsichtlich der Gesprächsführung und -haltung. Deshalb erfordert es - jedenfalls für die Dauer des Vollzugs eines Kurzgesprächs - den radikalen Abschied von psychologischer oder psychotherapeutischer Gesprächsführung und -haltung. Die zukunftsorientierten Seelsorge setzt sich also grundsätzlich von psychologischen, therapeutischen und seelsorglichen Beratungsgesprächen ab und unterscheidet sich in ihrer Gesprächsmethodik Theoriekonzepten. Diese nehmen methodisch in den Fokus, das Defizitäre, Kranke, Gestörte, sie diagnostizieren, um es dann zu therapieren und zu heilen.

Zielsetzung zukunftsorientierter Kurzberatung

In einer symmetrisch solidarischen Begegnung sucht und findet die zukunftsorientierte Kurzberatung ihren Ansatz im Sichberaten zweier gleichwertiger Menschen auf Augenhöhe. Bei dieser Begegnung soll sorgsam darauf geachtet werden, dass ein asymmetrisches Beziehungsgefälle wie etwa zwischen Arzt - Patientin oder Lehrerin - Schüler im Ansatz schon vermieden wird. Denn wenn Menschen sich mit ihren Alltagssorgen oder in ihren Beziehungskonflikten oder auch aus ihren Lebensängsten heraus an einen anderen Menschen wenden, um sich auszusprechen oder einfach seine Meinung oder seinen Rat zu hören, bieten sie zwar auf der Schiene "inkompetent - kompetent" ein asymmetrisches Beziehungsmuster an, möchten aber deshalb weder entmündigt noch einer "Kolonialisierung menschlichen Denkens durch vorgefertigte, therapeutische Theorien" anheim fallen. Sie möchten sich vielmehr beraten, und zwar mit jemandem, dem sie sich auf Augenhöhe gleichwertig anvertrauen können, bei dem sie spüren und erfahren, dass sie es mit einem Menschen zu tun haben, der sie nicht mit den Herrschaftsinstrumenten seines theoretischen Wissens „seziert" und auseinander nimmt. In der zukunftsorientierten Alltagsseelsorge begegnen sich zwei Menschen entsprechend ihrer individuellen einzigartigen Begabungen, Fähigkeiten und Ressourcen:

- sie stellen sich Fragen und suchen Antworten;

- sie versuchen, sich zu verstehen und erkennen Unterschiede;

- sie geraten an Grenzen und Ausweglosigkeiten.

- Sie erleben den Reiz kreativer Lösungen.

Sich zukunftsorientiert zu beraten bedeutet, die aufgetretenen und auftretenden Fragen, Probleme, Hindernisse und Ausweglosigkeiten so zu behandeln, dass nach mentalen, verbalen und aktionalen Möglichkeiten gesucht wird, diese zu überwinden, indem die ratsuchende Person zu sich findet, zu ihren Gaben, zu ihren Fähigkeiten und zu ihren Ressourcen.

Dialogisch-kybernetisches Vorgehen

Der von der anfragenden Person zum "Sichberaten" eingeladenen oder aufgeforderten Person stehen besondere dialogische Vorgehensweisen zur Verfügung, um dieses Gespräch zu „steuer"n. Diese kybernetische, also steuernde Funktion wird der angefragten von der anfragenden Person stillschweigend oder auch ausdrücklich zugestanden. Ratsuchende verbinden mit dem Auftrag: "Berate dich mit mir!" zugleich das Mandat, aus dem steuerlosen Treiben bzw. der festgefahrenen Situation befreit zu werden. Die dialogische „Steuermannskunst" der zukunftsorientierten Kurzberatung will der anfragenden Person im dialogischen Prozess dazu verhelfen, sich ihrer personalen Wirklichkeit und Wirksamkeit bewusst zu werden und entsprechend zu organisieren. Der ratsuchenden Person wird dieses Können unter der Bedingung zur Verfügung gestellt, dass diese selbst

"Kapitän" ist und bleibt; nur so kann gewährleistet werden, dass sie nicht als "heteronomes Mängelwesen" ihrer einzigartigen Würde beraubt und nach den Vorstellungen eines anderen Menschen gebildet wird und im schlimmsten manipuliert wird.

Methoden der strategischen Gesprächsführung

Kommunikativer Anschluss auf der Oberflächenstruktur der Sprache

Jede sprachliche Interaktion zweier Personen wirkt wechselseitig als "Störung". Da beide im geschlossenen System strukturell verkoppelt sind, entstehen daraus Strukturänderungen, die sich in ihrer Bedeutung und Konsequenz grundsätzlich nicht vorab definieren oder voraussagen lassen; vielmehr konstruieren beide in der interaktiven Sprachkopplung eine nur ihnen gemeinsame "Weltwirklichkeit". Das Andocken vollzieht sich im System zweier Personen im kommunikativen Anschluss auf verbaler, nonverbaler und paraverbaler Ebene. Über den wechselseitigen kommunikativen Anschluss kommt es zu einer „Drift" hinsichtlich der Wirklichkeitskonstruktion im geschlossenen System der beiden Personen.

Das Einsetzen eines Schlüsselwortes als "Sesam, öffne dich!"

Auf der Oberfläche der Sprache verweisen bestimmte Merkmale auf das Tiefenerleben, das sich ausdrücken möchte. Deshalb ist es hilfreich, die persönlich geprägten Merkmale der Oberflächenstruktur der ratsuchenden Person zu erkennen und diese als Zugang zu ihrer Tiefenstruktur zu nutzen und zu unterstützen. Das Schlüsselwort stammt aus dem sprachlichen Ausdruck der ratsuchenden Person und wird, wenn es fachkundig eingesetzt wird, der ratsuchenden Person Zugang zu ihrer potentiellen Komplexität ihrer Tiefenstruktur ermöglichen.

Die kybernetische Kunst des mäeutischen Fragens

Die Überwindung der Asymmetrie hin zur symmetrisch-solidarischen Beziehungsachse

Mit Hilfe der mäeutischen Fragekunst kann die ratsuchende Person angeregt werden, ins Nachdenken über sich selbst zu kommen, sich gewissermaßen selbst zu erkunden. Ein asymmetrisches Beziehungsmuster wird zwischen der ratsuchenden und der beratenden Person mit dem Beginn des Kurzgesprächs auf zwei Ebenen augenblicklich etabliert: Die ratsuchende Person ist DOWN - die beratende Person UP. Die ratsuchende Person ist IN - die beratenden Person ist OUT. Die Grundhaltung der beratenden Person orientiert sich an dem Ziel, sobald wie möglich auf einer symmetrisch-solidarischen Beziehungsachse zu kommunizieren. Deshalb ist es notwendig, sich Interventionsstrategien zu eigen zu machen, mit deren Hilfe Zug um Zug der unwürdigen Schieflage zwischen der ratsuchenden und der beratenden Person gewehrt und gleichwertige Solidarität im Hier und Jetzt praktiziert wird.

Die zukunftsorientierte Vorgehensweise

Die implizit im Beratungsmandat geäußerten Zielvorstellungen der ratsuchenden Person gilt es zu erkennen und diese für die ratsuchende Person machbar zu formen; dabei sind bisher vernachlässigte oder nicht genutzte Kraftquellen zu erschließen, wertzuschätzen und nutzbar zumachen.

Die metaphorisch-narrative Vorgehensweise

Über funktionale analoge Impulse können neue
Verstehensräume anders und meist schneller erfasst und
begriffen werden. Bilder, Metaphern, Geschichten
befreien aus kleinteiliger Zwangsgrübelei und erwirken
intuitiv symbolische Lösungen.

Das heißt praktisch

- Im Alltag sucht das zukunftsorientierte
  Kurzgespräch die Lebensthemen
  aufzuschlüsseln, die den Gesprächspartner im
  Augenblick bewegen.

- Das Kurzgespräch arbeitet in der Alltagsseelsorge an einer Klärung der damit
  verbundenen Ziele des Ratsuchenden und hilft
  ihm, die nötigen Ressourcen zu erschließen, um
  diese Ziele zu erreichen.

- Es strebt kreative Lösungen an, die sich darin
  zeigen, dass die Gesprächspartner damit
  aufhören, immer wieder um ihr Problem zu
  kreisen, dass sie die alten Lösungswege
  verlassen, mit denen sie oft genug ihr Problem
  erst geschaffen haben, dass sie einen Weg
  sehen, eine Richtung bekommen und konkrete
  Schritte unternehmen, um das eigene Leben
  wieder selbst in die Hand zu nehmen und zu
  gestalten.

- Es schafft Raum für lebensgeschichtliche
  Themen und versucht, diese mit (biblischen)
  Geschichten, Bildern, Symbolen und Metaphern,
  Liedern und Gedichten zu verbinden, die die

Wirklichkeit der anfragenden Person in einem neuen Licht zeigen und ihr Impulse geben können, weil eine kreative Resonanz zwischen ihnen und den Themen des Gesprächspartners entsteht.

Grundhaltungen

Mit diesem zukunftsorientierten Vorgehen verbindet sich eine seelsorgliche Grundhaltung, die bestimmt ist von der Hoffnung auf die neuen Möglichkeiten der Zukunft. Folgende Charakteristika entsprechen dieser Haltung:

- Hoffnung beleben statt Frust ergründen.

- Ressourcen fördern statt Defizite benennen.

- Gesundes stärken statt Krankes bekämpfen.

- Möglichkeiten erkunden statt Befindlichkeiten verbalisieren.

- aufschlüsseln statt deuten.

- orientieren statt problematisieren.

- auf das Gelingen aus sein statt komplizieren.

Mit dieser Haltung finden Seelsorger/innen und Berater/innen in verschiedenen Kontexten ihr Wirkungsfeld: im Gemeindepfarramt wie in Funktionspfarrämtern, in professionellen Beratungsstellen, in der Telefonseelsorge, der Krisenintervention, bei Besuchs- und Begleitungs-Diensten im Krankenhaus, Altenheim wie in der Gemeinde. Durch die skizzierten Grundhaltungen und Methoden entfaltet sich diese systemische Dialoghaltung jedoch vor allem als überzeugende Seelsorgepraxis im Alltag von Kirche und Gesellschaft.

Glaubenstheoretischer Rahmen für die Seelsorge

Es scheint nötig, dass Seelsorger/innen sich einen glaubens-theoretischen Rahmen für ihre Seelsorge erarbeiten. Überzeugend und unmittelbar umsetzbar ist die prozess-theologische Integration der Seelsorge in ein Verständnis der Selbstoffenbarung des dreieinigen Gottes im Wirken der Schöpfung und Erhaltung, Versöhnung und Heiligung der Welt.

Erhaltung der Schöpfung

Wir können Gott als Schöpfer, dem Vater und Grund allen Seins begegnen, der in allen kosmischen Prozessen der Neuschöpfung und Wandlung des Seins als kreativ treibende Kraft präsent ist. Gott kann gegenwärtig erlebt und erfahren werden, so auch in der Entwicklung und Um- und Neugestaltung von Einzelnen oder Paaren, von Mitarbeitergruppen und deren Institutionen. Wir können IHM begegnen, dem Schöpfer allen Seins, auch und vor allem in jedem Menschen als einem mit Leib und Seele, Augen, Ohren und allen Gliedern, Vernunft und allen Sinnen von Gott begabtem Gegenüber, dessen Würde wir zu achten und dessen Sosein wir lieben haben sollen.

Erlösung des Menschen

Wir können dem Gesicht des Versöhners begegnen, in Gottes Sohn, Jesus Christus, der menschgewordenen Liebe Gottes, in allen Prozessen des Leidens an der Entfremdung des Mensch-Seins, der Entstellung und Entwürdigung menschlichen Lebens. Zugleich können wir in diesen Lebens-Leidens-Prozessen erfahren, wie Gottes inkarnierte Liebe sich bedingungslos hingibt und sich – bis zur Selbstaufgabe - des Verlorenen annimmt. Wir begegnen IHM, unserem Bruder in jedem verlorenen und verdammten Menschen, der hungrig, durstig, fremd, nackt, krank und gefangen oder halb tot geschlagen am Rand unseres Lebensweges liegt und auf unsere unmittelbare und bescheidene Zuwendung angewiesen ist, damit er in eine neue Lebenswirklichkeit auferstehen kann. Durch konkrete Hilfe, aktives Handeln, liebevolle Blicke, mitfühlende Worte können wir die Welt zu einem besseren Ort machen, täglich, immer wieder neu.

Heiligung des Alltags

Wir begegnen dem Odem Gottes, diesem Leben schaffenden und heilenden Geist überall, wo der Schrei des Leidens der Schöpfung, das ängstliche Seufzen und Harren der Kreatur laut wird und Gehör zu finden sucht. Wir begegnen IHM, dem Heiligen Geist, wenn ER unserer Schwachheit aufhilft und Gegensätze überwunden werden, - da, wo Verständigung geschieht, wo Getrenntes zur Einheit zusammenwächst. Wir begegnen IHM, dem stärkenden und mutmachenden Heiligen Geist, wenn wir ihn bitten, unserem begrenzten Wissen und Verstand aufzuhelfen und mitten unter uns zu sein, wo wir zu zweit oder dritt versammelt sind, um den Weg in das Gott ebenbildliche Leben zurückzufinden. Als Christen und als Kirche Jesu Christi nehmen wir teil an diesem Heilsprozess Gottes und sind mit IHM unterwegs auf dem Weg zu endzeitlicher Schönheit und versöhnter Harmonie. Dazu gehört das Gedeihen der Schöpfung, die wir als Gottes Kinder hegen und pflegen sollen. Dazu gehören die kleinenBewegungen und großen Wehen, unter denen

Menschen zu ihrem Ich als Geschöpf Gottes werden und finden, bei denen wir als Gottes Seelsorger/innen - durch unsere Taufe beauftragt, durch Gottes Wort ermutigt, durch das Heilige Mahl gestärkt - Hebammendienste leisten. Seelsorge nimmt teil an diesem Prozess Gottes in und mit der Welt.

Alltagsseelsorge in Kirche und Gemeinde

Alltagsseelsorge, die dem Menschen in diesem Kontext dienen und damit ein Zeugnis des Evangeliums geben will, setzt voraus, dass kirchliche Mitarbeiter/innen entsprechend ausgebildet werden. Vom Verständnis, dass alle getauften Christen/innen Lichtträger des Evangeliums sind, führt meines Erachtens ein direkter (theologischer) Weg zu der Zielorientierung, Ehrenamtliche für die Alltagsseelsorge gründlich zuzurüsten und auszubilden. Allerdings bedeutet das, Abschied zu nehmen von der Vorstellung, dass "unter" den ordinierten Geistlichen die Ehrenamtlichen - gleichsam notgedrungen als Lückenbüßer minderen Grades - (unliebsame) Teilaufgaben des pfarramtlichen Dienstes übertragen bekommen. Folgt man dem Modell einer offenen Kirche, die in der Beziehung zum Dreieinigen Gott ihr Zentrum hat und deren Glieder in die Gesellschaft gesandt sind, um das Evangelium zu bezeugen und den Dienst an den Ausgeschlossenen und Benachteiligten wahrzunehmen, dann erscheint es mir nicht nur sinnvoll, sondern geboten, Seelsorge als Aufgabe der Christen allgemein zu begreifen und dafür Voraussetzungen, Gelegenheiten und Strukturen zu schaffen, um die Gegebenheiten, in und an denen Seelsorge gebraucht und gewünscht wird, auch wahrnehmen zu können. Was Seelsorge vor Ort ist und tun kann, wird dann getragen - inmitten der Weltängste des Alltags - vom Glauben an den Seelsorger Jesus Christus, der die Welt überwunden hat.

Dialogische Seelsorge - sozial-diakonisches Handeln

Alltagsseelsorge als systemische Dialogpraxis begrenzt sich nicht auf geschützte Seelsorgeräume oder die Bereitschaft, für ein Gespräch präsent zu sein. Der Schritt der Seelsorge aus den "kirchlichen Mauern" heraus in den Alltag, in den jeweiligen gesellschaftlichen Kontext des ratsuchenden Menschen lässt sich aus meiner Sicht unmittelbar auf die Anforderungen einer Alltagsseelsorge übertragen. Dabei darf es meines Erachtens nicht nur um kommunikatives Handeln gehen, sondern untrennbar dazu gehört auch die materielle Dimension sozialer Probleme, um Besorgung der notwendigen Mittel, damit "Alltag" wieder gelingt. Die Fürsorge im guten Sinne beginnt da, wo Seelsorger/innen den Alltag der ratsuchenden Person verantwortlich in den Blick nehmen, konkrete Brücken in die neue Zukunft mitbauen, indem sie das Anliegen derer, die sich in ihrer Not an sie wenden, sozialanwaltlich unterstützen. Damit werden die Grenzen zwischen dialogischer Seelsorge und sozial-diakonischem Engagement bewusst durchdrungen, und zwar um der Glaubwürdigkeit des seelsorglichen Handelns willen. Alltagsseelsorge will soziale Netzwerke aktivieren, und sie muss mehr als einmal finanzielle Hilfe organisieren. Als systemische Praxis schafft Alltagsseelsorge damit eine Verbindung zwischen der cura animarum specialis, die den Einzelfall im Blick hat, und der cura animarum generalis, die sich um die Gemeinschaft, in der ein Mensch lebt, kümmert. Alltagsseelsorge kann die Veränderung von Einzelnen und Familien nicht von der der Gemeinschaft trennen.

Alltagsseelsorge der Kirche kann Bedingungen dafür schaffen, Prozesse der Vergebung, Versöhnung und neuer Hoffnung für den einzelnen Menschen, in Gemeinschaften und im Gemeinwesen anzustoßen und zu moderieren, um in Lebenskrisen und gesellschaftlichen Schieflagen zu entlasten, Einsichten zu erschließen, neue Wege zu finden und dem Ruf der Freiheit Gehör zu verschaffen.

Zusammenfassende Thesen

Die Gegebenheiten der Alltagsseelsorge erfordern eine Abkehr von Seelsorgekonzepten, die sich an psychotherapeutischen Theorien orientieren. Die Würdigung des (in seiner Lebendigkeit bedrohten) Lebens, nicht die Würdigung des Problems sollte zentraler Ansatzpunkt der Alltagsseelsorge sein. Die Grundhaltung der Alltagsseelsorge ist geprägt von der Hoffnung auf neue Möglichkeiten der Zukunft und orientiert sich an:

Hoffnung stärken statt Frust ergründen.

Ressourcen fördern statt Defizite wahrnehmen.

Gesundes stärken statt Krankes bekämpfen.

Seelsorgliches Handeln im Alltag setzt einen klaren glaubens-theoretischen, nicht vorrangig oder ausschließlich psycho-theoretischen Bezugsrahmen voraus.

2.0 Trauer-Gedichte

„Trösten kann, wer …"

„Trösten kann, wer selbst Trost gefunden hat in seinem Leiden, nicht an einem besonderen Schicksal vielleicht, sondern am Dasein überhaupt,   wie es ist und wie es in seiner Gänze ist. Trösten kann, wer dabei das Dasein in seiner Gänze umfangen gesehen hat von einer großen, ernsten und strengen Liebe, die hinter allem Schicksal am Werk ist. Trösten kann nicht, wer irgend etwas besser weiß, sondern der weiß, dass es nichts gibt, das besser zu wissen wäre, und der sich dem anvertraut, den er hinter dem Schicksal glaubt. Trost ist auch nichts, was einmal ausgesprochen für alle Zeiten gelten will. Trost ist eine Insel in einem Meer der Verzweiflung. Eine Insel im Meer der Zeit. Es ist ein Augenblick, indem ein Mensch Boden unter den Füßen empfindet, ehe das Wasser ihn wieder zu verschlingen droht. Trost ist, dass es solche Inseln gibt. Worte und Zeichen wie Inseln."
(Jörg Zink)

„Trauer heißt"

Trauer heißt:
Den eigenen Schmerz annehmen, dem eigenen Schmerz Raum geben, ihm Zeit geben, ihn wahrnehmen, ihn annehmen. Dieser Schmerz, er wird vergehen. Nicht heute und nicht morgen, irgendwann. Es bleibt ein Rest. Er hat seinen eigenen Weg, seine eigene Zeit.
Dieser Weg heißt Hoffnung, Geduld, Zuversicht, erinnernde Liebe. Den unendlichen Raum der Stille zu öffnen, hinein zu fühlen, hinein zu lauschen. Es lohnt sich ihn zu gehen, immer weiter.
(Linus Botha)

„Eines Tages..."

Wir werden eines Tages wissen und verstehen,
dass der Tod uns nie das rauben kann, was wir selbst in
uns, in unserer Seele gewonnen haben, denn ihr Gewinn
ist eins mit ihr selbst, bleibt in uns, ist unzertrennbar, wir -
verbunden mit allem.
(Linus Botha)

„Wenn wir..."

Wenn wir es schaffen, den Tod zu akzeptieren und uns
dadurch dem Leben zu öffnen, können wir unser Dasein
ganz anders genießen, wir können unser Leben in
Bewusstheit leben.
(Doris Iding „Der Tod geht um die Welt")

„Nicht vorüber"

Was vorüber ist, ist nicht vorüber. Es wächst weiter in
deinen Zellen ein Baum aus Tränen oder vergangenem
Glück.
(Rose Ausländer)

„Du bist fort..."

Du bist fort, noch immer kommt in mir der Schmerz,
Dich verloren zu haben. Noch immer überkommt mich die
Schwere in meinem Brustkorb, sie brennt in mir.
Noch immer denke ich an Dich, Höre Deine Stimme, als
wärst Du da. Bist Du nicht da? In Augenblicken zum
Greifen nah? Doch unerreichbar fern zugleich bist Du.
Bist Du nicht da, wo wir alle sein werden?
Hast Du nicht schon einen Teil von mir mit zu Dir
hinübergenommen? Kommen nicht von dort die Tränen,
wenn ich an Dich denke? Wenn Erinnerungen, Farben
und Gerüche sich mit Dir verbinden? Dort wo die Stille
hörbar wird, spüre ich Dich, Deine Gegenwart.
Höre Deine Stimme, klar wie aus Glas.
Die sanfte Dunkelheit hält Dich in ihren Armen.
Sie tröstet mich und wärmt und lindert meinen Schmerz.
Weil Du noch immer da bist, noch immer bei mir bist.
Weil Du von Zeit zu Zeit noch meine Hand hältst.
So schimmert aus der Trauer und dem Schmerz,
manchmal sternengleich leuchtend, erinnernde Liebe.
Sie ist der Schlüssel zu der Tür zu Dir. Aus ihr ist das
Band aus goldenem Licht in der Ewigkeit.
(Linus Botha)

Wie nur ?

Wie nur, die richtigen Worte finden, für das
Unaussprechliche, das Unvergessliche, das
Unauslöschliche, das Unaushaltbare?

Wie nur, Hoffnung und Zuversicht finden, nach dem Leid,
dem Verlust, dem Schmerz, dem Tod?

Wie nur wieder Leichtigkeit verspüren, wieder Lachen
nach dem Krieg, der Gewalt an meinem Nächsten,
meinen Schwestern und Brüdern, an den Tieren, an
Mutter Natur?

Wie nur die Wahrheit und Wahrhaftigkeit, die
Gerechtigkeit fühlen und für sie einstehen?

Wie nur den Weg zur Liebe, zum Frieden, zur neuen
Heimat im Außen und in uns, den Weg zu Gott finden?

Wie nur den eigenen Ursprung, zum Anfang, zum Ende
der Zeit, zur Ewigkeit finden?

Durch mein Herz, durch meine Freiheit, meinen Willen,
durch mein Bewusstsein, durch meinen Entschluss,

durch mein Tun, durch mein Lassen, durch mein Wort,
durch mich

durch Dich

durch uns

in mir

in uns

(Linus Botha)

Gott in mir?

Gott, ist das Dein Name? Gibt es Dich? Wo bist Du? Bist Du hier?

Ich komme von Dir - gehe zu Dir, Alles ist von Dir - wird zu Dir, Alles ist in Dir - Du bist in Allem.

Ich glaube, denke, fühle, sehne, spüre, suche, Dich, Ich will Dich, will für Dich tun, will zu Dir, Ich will Dich in mir - im Du erkennen.

Ich komme zu Dir mit all meinem Sein, mit meiner Freude, meiner Liebe, meiner Stärke, meiner Wahrheit, meinem Licht.

Ich komme auch zu Dir mit meinen Zweifeln, Ängsten, Verleugnungen, mit meinem Verrat an mir - an Dir, mit meinem Hass, meinen Schwächen, mit meiner Sprachlosigkeit, meiner Schuld mit meinen Wunden, meinem Tod.

Ich hoffe, wünsche, will zu Dir, Will in Deinem Frieden, Deiner Liebe sein.

Du wirst zum Ich, Ich werde Du,

Du bist in mir, Ich bin in Dir,

Ich bin

Du.

(Linus Botha)

2.1 Philosophische & religiöse Gedanken zur Trauer

1. Das Licht der Lebensfreude erkennen und weitergeben

Es war einmal der weise Herrscher Suleiman, der seinem Volk ein guter Führer war. Als er alt geworden und sein Körper gebrechlich war, kam der Anführer der bösen Geister zu ihm und fragte ihn: „ Gebieter, hier bringe ich dir die Zauberschale mit dem Wasser des Lebens. Wenn du davon trinkst, wirst du von all deinen Schmerzen befreit, du wirst dich wieder jung und frisch fühlen und dazu noch die Unsterblichkeit erlangen. Der alte Herrscher war in seinen Handlungen stets bedächtig und vorsichtig. Der Gedanke schien ihm sehr verlockend, aber trotzdem befahl er seinen Wächtern, die ersten drei Männer die an seinem Palast vorbeiliefen, vor ihn zu führen. Es dauerte nicht lange, da standen ein tapferer Krieger, ein reicher Händler und ein armer Hirte vor ihm. Zuerst fragte Suleiman den tapferen Krieger: „Was glaubst du, werde ich glücklich sein, wenn ich aus der Zauberschale getrunken habe?" Ohne einen Moment zu zögern, antwortete der Krieger: „Natürlich, du wirst überglücklich sein, denn dein Gebrechen wird von dir fallen und du wirst Tausende und Abertausende Jahre leben. Dann hast du Zeit, alle Länder, die du begehrst, zu erobern und zu besitzen. Wäre das nicht das größte Glück eines Herrschers?" Als zweites fragte Suleiman den reichen Händler: "Was glaubst du, werde ich glücklich sein, wenn ich aus der Zauberschale getrunken habe?" Ohne zu zaudern antwortete der: „Ja, du wirst glücklich sein! Mit jedem Jahr wird dein Reichtum größer werden, und in tausend Jahren wirst du die ganze Welt besitzen. Ist es nicht ein unbeschreibliches Glück, reicher und reicher zu werden und zu wissen, dass alles dein

ist?" Als letztes fragte er den armen Hirten: „Was glaubst du, werde ich glücklich sein, wenn ich aus der Zauberschale getrunken habe?" Gelassen schaute der Hirte Suleiman an und entgegnete: „Herr, Der Krieger und der Händler haben dir nicht die ganze Wahrheit gesagt. Sie wollten dich verschonen und haben dir etwas verschwiegen. Sie haben dir zwar erklärt, warum du glücklich sein wirst, aber sie haben dich nicht wissen lassen, warum du unglücklich sein wirst." Der Händler und der Krieger war sehr erbost über die Worte und riefen: „Wie kannst du armer Tor es wagen, uns zu widersprechen. Wie könnte ein Herrscher, der die Unsterblichkeit erlangt, unglücklich sein?" „Höre mich, oh Gebieter" sagte der Hirte immer noch gelassen, „du trinkst einen Schluck vom Wasser des Lebens und erlangst ewiges Leben. Es wird aber der Tag kommen, an dem deine geliebte Frau sterben wird. Jeder weiß, wie sehr du sie liebst, du aber lebst weiter und siehst, wie sich dein Reichtum vermehrt. Aber ihren Platz wird keine zweite Frau in deinem Leben ersetzen können. Und eines späteren Tages werden deine geliebten Kinder sterben. Du freust dich zwar deiner Macht, aber wem willst du deine Reiche vererben, jetzt wo deine Kinder tot sind? Auch deine Kindeskinder werden sterben und du bist alleine. Du kannst dann alle deine Schätze zählen, aber es wird keiner da sein, der sich mit dir freute, denn auch deine Freunde werden sterben. Und es wird der Tag kommen, an dem du dich nach deiner Frau, deinen Kindern, deinen Kindeskindern und deinen Freunden sehnen wirst. Das ist das, was dir der Kaufmann und der Krieger verschwiegen haben. Aber nun trinke vom Wasser des Lebens, damit du Unsterblichkeit erlangst."
„Um nichts in der Welt" rief da Suleiman entsetzt aus. Was habe ich davon zu leben und ein großes Reich zu

besitzen, wenn meine Frau und meine geliebten Kinder nicht bei mir sind? Wie soll ich mich an all den Reichtümern freuen, wenn ich meine Familie betrauern muss? Und wozu all die Macht, wenn niemand da ist, mit dem ich sie teilen kann?" Nach Suleiman diesen Satz ausgesprochen hatte, nahm er die Zauberschale vor den Augen des Kriegers, des Händlers und des Hirten und zerschmetterte sie mit aller Kraft auf dem Boden. Die Erde sog den Zaubertrank in sich ein.

2.2 Hilfreiche Bilder und Erkenntnisse

Die folgenden assoziierten Begriffe sind alle individuell erweiterbar und können eine Gesprächs- und Arbeitsgrundlage darstellen:

- **Trauer als Wandlung:** Kenntnisse der Trauerphasen als universell angelegtem Plan der schlussendlich zur Lösung führt: Schock - Leiden - Zu sich kommen – ein neues Leben. Diese Phasen scheinen genetisch in uns angelegt worden zu sein. „Trauer kann man nicht überwinden wie einen Feind. Trauer kann man nur verwandeln: den Schmerz in Hoffnung, die Hoffnung in tieferes Leben" (Mutter, nach dem Tod ihrer beiden Kinder)

- **Kosmische Dualität / Yin-Yang Philosophie:** Ohne Nacht kein Tag, ohne Regen kein Sonnenschein, ohne Ende kein Neubeginn. Mitten im Leben sind wir vom Tod umfangen.

- **Glaube an einen unzerstörbaren inneren Kern:** (Wesen, Seele, Geist…).

- **Hoffnung spendende Nahtod- oder nahtodähnlichen Erfahrungen:** (Arbeiten von Kübler-Ross, Dr. Eben Alexander Blick in die Ewigkeit, u.a.).

- **Glaube** christlich, hinduistisch, jüdisch, muslimisch,etc.

Das deutsche Wort Trost stammt aus der indogermanischen Wortgruppe „treu" Jemanden zu trösten heißt also, treu zu sein, ihm durch unser Dasein Halt zu geben, ihn nicht alleine zu lassen

Tröstende Bilder und Metaphern finden und entwickeln

Reise - Bahnhof, Züge, Abschied, winken, aus dem Blickfeld, weggehen

Wetter - Winde, Regen, Nebel, Kälte, Schnee, Sonnenschein, Sonne, Wärme, Blitze, Hagelkorn, Wolken, Himmel

Weizenkorn, Boden - reifen, säen, ernten, aufgehen, wachsen, neues Leben

Ozean, Meer, Inseln - ertrinken, fahren über, retten, Unendlichkeit, Ewigkeit

Wasser, Fluss, Strudel - fließen, wandeln, herabziehen, reinigen ,Sog

Welle, Flutwelle - nachgeben, überrollen lassen, machtlos, ohnmächtig

Waage - ausgleichen, gerecht, ausschlagen, aufwiegen

Nacktheit - schutzlos, verwundbar, ursprünglich, wahr, Sein , erkannt sein

Schmetterling - wandeln, verwandeln, entpuppen,

Schiff, Anker - Yacht, Segelboot , segeln, Hafen, verschwinden

Uhr - Zeit, Stunde, Zeitplan, Zeit läuft aus / ab steht still, hört auf, Ewigkeit

Tagebuch - Buch, Regiebuch, Blätter, Lebensbuch /
Kapitel abschließen

Hand - halten, geben, verlieren, tragen, schützen
loslassen

Wohnung - Auszug, kündigen, weggehen, Körper-Haus
verlieren

Horizont - Röte, verschwinden, da und doch nicht da;
weit, unendlich

Gärtner - Samen, Garten, säen, ernten, Beet bestellen

Blumen - Blüten, Knospen, Rosen blühen, welken,
duften

Wunde - Narbe, Heilung, bluten, eitern, schmerzen,
schließen, lindern, schmerzen, schmerzbefreit

Berge - Gipfel, Schluchten, Abgründe, Grat, besteigen,
auftun, balancieren

Stufen, Treppen - heraufsteige, hinabsteigen, stolpern

Mauern – überwinden, trennen, Felsen, Steine, ewig,
fest, immer schon da, Zeugnisse

Brücken - überqueren, bauen, einreißen, • Grenzen –
überschreiten, verschwimmen, auflösen

Herz Blut, Gesicht, Auge, Träne, Atmung, stocken,
bluten, schlagen,

Puzzle - ein Teil ist verloren; alles neu ordnen; nie
wirklich passen;

Netz - reißen, ver-fangen, verbinden, knüpfen, auffangen, verheddern

Baum, Wurzel, Krone – fest, biegsam, Knospen, Blüte, Blätter fallen

Familie: Mutter, Vater - Schoß, Geborgenheit, abstammen, wieder finden

Kreis, Kreislauf - schließen, vollenden, unterbrechen, Spirale

Erdbeben - erschüttern, zerstören, vernichten

Läufer - Stab weitergeben, nicht ewig laufen, keiner läuft durch, Generation , ans Ziel kommen

Lücke - Pause, Zwischenraum, füllen, lassen, anerkennen, loslassen

Last - Tragen, zusammenbrechen, leichter machen, absetzten, gewöhnen, loswerden

Fliegen, Flügel - davonfliegen, schweben, hoch hinaus, oben, frei sein

Haus, Heimat - verlassen, ankommen, Heimweh

Räume - Zimmer, Zwischenräume – sich befinden, betreten, verlassen, aufhalten, verstecken

Licht - Schatten, hell - dunkel

Weg/Wanderweg/Spur – gehen, Weggefährte, Wanderer, Ziel, weitergehen, verfolgen

Bande - Bänder, Fasern trennen, schneiden, verbinden, reißen

Sterne - leuchten, verschwinden, kommen wieder

Sonne - Wärme, Licht, Ewigkeit, Christus, Erlösung, Frieden

Stachel - schmerzen, stechen, bluten, bleiben, herausziehen, heilen

Geschenk - beschenken, bereichern, wegnehmen, enttäuschen

Warten, Wartezimmer - abholen, weitergehen, dazwischen

Metaphern Etwas (Bekanntes, Vertrautes, Konkretes...) steht für etwas anderes (Unfassbares, Unbekanntes, Abstraktes) z.B. Wunde = Trauer

Einfache Metaphern „Mitten in der Trauer öffnet sich Dir ein Stück Himmel" Himmel = Trost, Hoffnung

2.3 Die Phasen der Trauer und mögliche Probleme

1. Phase: nicht Wahrhaben wollen

Der Verlust wird verleugnet, der oder die Trauernde fühlt sich zumeist empfindungslos und ist oft starr vor Entsetzen: „Es darf nicht wahr sein, ich werde erwachen, das ist nur ein böser Traum!" Diese erste Phase ist meist kurz, sie dauert ein paar Tage bis wenige Wochen.

- Unterschiedlich intensiv je nach Person.

- Besonders stark bei einem unerwarteten Verlust.

- Unfähigkeit, die Nachricht vom Tod zu akzeptieren; Verlust wird verleugnet; Starrheit – Schock – Empfindungslosigkeit – starr vor Entsetzen.

- Körperliche Beschwerden: Kurzatmigkeit, Leere, Kraftlosigkeit.

- Wahrnehmung teilweise etwas verändert; Situation wird als unwirklich erlebt; emotionale Distanz zu anderen Menschen

Probleme in der Phase des Nicht-Wahrhaben-Wollens

Wird diese Phase verlängert, dann haben wir den Menschen vor uns, der den Verlust und damit auch die große Emotion verdrängt. Diese Menschen leben so weiter, als wäre fast nichts geschehen. Ganz verdrängen läst sich ja der Verlust eines nahe stehenden Menschen nicht. Eine beliebte Form davon ist die Flucht in die „Geschäftigkeit". Eine weitere Form ist das Ablehnen von Erinnerungen an den Verstorbenen. Diese Menschen wünschen auch nicht, dass von ihnen gesprochen wird –

oder wenn, dann nur, indem zugleich herausgestrichen wird, wie gut sie mit dem Verlust umgehen können. Menschen, die bewusste Trauer vermissen lassen, werden immer als selbstbewusste Menschen beschrieben, die stolz sind auf ihre Unabhängigkeit und ihre Kontrolliertheit, die Gefühlsäußerungen gegenüber abgeneigt sind, die Tränen als unangebrachte Weichheit auffassen und die nach dem Verlust weiterleben, als wenn nichts passiert wäre. Es scheint erwiesen, dass es eben der besonders „tapfere" Mensch ist, der die Trauer verdrängt und dann von ihr eingeholt wird, meistens durch Depression oder durch ein Bedrückt-sein.

2. Phase: aufbrechende Emotionen

In der zweiten Phase werden durcheinander Trauer, Wut, Freude, Zorn, Angstgefühle und Ruhelosigkeit erlebt, die oft auch mit Schlafstörungen verbunden sind. Eventuell setzt die Suche nach einem oder mehreren „Schuldigen" ein (Ärzte, Pflegepersonal …). Der konkrete Verlauf dieser Phase hängt stark davon ab, wie die Beziehung zwischen den Zurückgebliebenen und dem Verlorenen war, ob zum Beispiel Probleme noch besprochen werden konnten oder ob viel offen geblieben ist. Starke Schuldgefühle im Zusammenhang mit den Beziehungserfahrungen können bewirken, dass man auf dieser Stufe stehen bleibt. Das Erleben und Zulassen aggressiver Gefühle hilft dem Trauernden dabei, nicht in Depressionen zu versinken. Weil in unserer Gesellschaft Selbstbeherrschung ein hoher Wert ist und abhängig von familiären und gesellschaftlichen Prägungen sogar die Tendenz bestehen kann, Trauer ganz zu verdrängen, bestehen oft große Schwierigkeiten, diese Phase zu bewältigen. Aber nur indem die adäquaten Emotionen auch tatsächlich erlebt und zugelassen werden, kann die nächste Trauerphase erreicht werden.

- Heftige Gefühle: Traurigkeit, Zorn, Schuld, Angst, Verlassenheit, Einsamkeit, Hilflosigkeit, Sehnsucht, Befreiung, Erleichterung, Betäubung, Schmerz, Schuldgefühle; aber auch quälende Sehnsucht, Lebensmüdigkeit usw..

- Chaos einander widersprechender Emotionen.

- Körperliche Reaktionen: Ruhelosigkeit, Schlaflosigkeit, besondere Anfälligkeit für Infektionskrankheiten aller Art (z.B. Grippe) sowie unkontrollierte Selbstbehandlungsversuche mit Alkohol, Nikotin, Tabletten usw..

- Selbstvorwürfe („Hätte ich doch nur ...").

- Zorn auf vielleicht verantwortliche Personen (z.B. Ärzte)

Probleme in der Phase der aufbrechenden Emotionen

Die aufgezeigten Probleme in Phase 1 können auch so gesehen werden, dass hinter ihnen der Versuch steht, die Phase der aufbrechenden Emotionen zu vermeiden. Während Menschen, die in der Phase 1 stecken bleiben Menschen sind, die die Trauer überhaupt vermeiden wollen, sind die, die in späteren Phasen stecken bleiben eher Menschen, die nicht mehr aus der Trauer herausfinden, die damit chronisch trauern. Auch sie wirken depressiv, aber nicht, weil sie den Schmerz verdrängt haben, sondern weil sie von ihm überwältigt sind, immer wieder daran denken müssen und nicht mehr weiter wissen. Es besteht eine Blockade zum Trauerprozess, sie geben sich nicht in den Wandlungsprozess hinein, obwohl es aussieht, als wären sie voll darin. Eine besondere Beachtung verdient der Bereich „Schuldgefühle" – Schuldgefühle hängen stark mit dem zusammen, was in der Beziehung zwischen zwei Menschen ungeklärt geblieben ist, natürlich auch mit dem Ideal, das man sich vorgestellt hat und was evtl. nie geklärt oder besprochen wurde. Das heißt auch, dass vieles vom eigenen Leben, das eigentlich hätte gelebt werden müssen, in dieser Beziehung nicht gelebt worden ist. Diese Schuldgefühle werden dann oft zu ausschließlich im Zusammenhang mit dem Verstorbenen gesehen. Es geht aber nicht nur um Lebensmöglichkeiten die man im Zusammenhang mit dem Verstorbenen nicht gelebt hat, sondern auch um ungelebtes Leben, das wirklich nur mit dem eigenen Leben zu tun hat.

3. Phase: Suchen, Fragen, Finden

In der dritten Trauerphase wird der Verlorene unbewusst oder bewusst „gesucht", meistens dort, wo er im gemeinsamen Leben anzutreffen war (in Zimmern, Landschaften, auf Fotos, aber auch in Träumen oder Phantasien …). Die Konfrontation mit der Realität bewirkt, dass der oder die Trauernde immer wieder lernen muss, dass sich die Verbindung drastisch verändert hat. Der Verlorene wird bestenfalls zu einem „inneren Begleiter", mit dem man durch inneren Dialog eine Beziehung entwickeln kann. Im schlechteren Fall lebt der Trauernde eine Art Pseudoleben mit dem Verlorenen, nichts darf sich ändern, der Trauernde entfremdet sich dem Leben und den Lebenden. Wenn der Verlorene aber zu einer inneren Person wird, die sich weiterentwickeln und verändern kann, dann wird die nächste Phase der Trauerarbeit erreicht. Besonders hilfreich erweist sich, wenn in dieser Phase des Suchens, des Findens und des Sich-Trennens auch noch ungelöste Probleme mit der verlorenen Person aufgearbeitet werden können. Bisweilen kommt es in der dritten Phase auch zu Wutausbrüchen.

- Verstorbene wird unbewusst oder bewusst gesucht.

- Der Trauernde kann an nichts anderes mehr denken als an seinen schmerzlichen Verlust.

- Zieht er sich zurück und ist mit sich selber und seinem Leid beschäftigt.

- Permanente Beschäftigung mit der Frage wie und warum der Verlust geschah

Probleme in der Phase des Suchens und Sich-Trennens

Auch wenn sehr wenige Menschen nach einem Todesfall wirklich Suizid begehen, ist die Gefahr des Nachsterbens in dieser Phase groß. Mit Nachsterben ist gemeint, dass man dem Sterben keinen Widerstand entgegensetzt. Es gibt eine Untersuchung von C.M. Parkes, in der er nachweist, dass Witwer in den ersten sechs Monaten nach dem Tod ihrer Frau um 40 % häufiger sterben, als statistisch zu erwarten wäre. Dies bedeutet, dass das Leben in dieser Situation als weniger attraktiv empfunden wird, als der Tod. Die Gefahr in dieser Phase ist die, dass das Suchen zwar auf alle Fälle stattfindet - wer sich einmal in den Trauerprozess begeben hat, der sucht, ohne dass ihn jemand dazu auffordern müsste, er findet vielleicht auch - schwierig wird es aber mit dem Sich-

Trennen. Dies ist oft die Stelle, wo Trauernde, die vom Verstorbenen getrennt werden müssten, stecken bleiben. Es gehört zu jedem Trauerprozess, dass der Trauernde entweder den Verstorbenen zu finden hofft oder in irgendeiner Weise versucht, mit ihm zu verschmelzen, um so das zunächst durch den Verlust unerträglich gewordene Leben weiterzuführen. Es geht um den Versuch, den Verlust ungeschehen zu machen und so weiterzuleben, als wäre nichts geschehen. Es heißt, dass sich nichts ändern darf mit dem Tod, dass der Trauernde vielleicht sogar eine Beziehung, die nicht ganz symbiotisch werden konnte, solange der Partner lebt, nun endlich in eine Vollsymbiose auswachsen lassen kann, weil der Partner nicht mehr seine eigenen Ansprüche stellt. Symbiose an sich bietet zur richtigen Zeit und für die Dauer einer Phase Kraft und Schutz aus der der Trauernde gestärkt hervorgeht, mit neuen Verhaltensmöglichkeiten und einem neuen Selbsterleben sich den wechselnden Anforderungen des Lebens wieder stellen kann. Das zu lange symbiotische Verweilen beim Verstorbenen bewirkt unter anderen, dass keine neuen Bindungen eingegangen werden müssen und dürfen, die Wohnungen der Betrauerten werden nicht verändert, oft findet eine äußerlich eine soziale Isolation statt. Nicht nur Trauernde sind in Gefahr, in dieser Symbiose stecken zu bleiben, bei dem zu bleiben, was vorbei ist, was nicht mehr verändert werden kann und nicht mehr verändert werden muss. Es ist vielmehr so, dass die Symbiose immer als Schutz gegen die Veränderung des Lebens gesucht wird; die Angst vor der ständigen Veränderung, vor dem ständigen Abschied-nehmen-Müssen, vor dem ständigen Sterben-Müssen, lässt sie uns das Bleibende suchen, das wir dann mehr als nur bleibend haben wollen. Diese Angst lässt uns die symbiotische (verschmelzende) Beziehung suchen, die uns vor dem natürlichen Rhythmus des Lebens „retten" soll.

Phase 4: Neuer Selbst- und Weltbezug

In der vierten Phase ist der Verlust soweit akzeptiert, dass der verlorene Mensch zu einer inneren Figur geworden ist. Lebensmöglichkeiten, die durch die Beziehung erreicht wurden und die zuvor nur innerhalb dieser Beziehung möglich gewesen sind, können nun zum Teil zu eigenen Möglichkeiten werden. Neue Beziehungen, neue Rollen, neue Verhaltens-möglichkeiten, neue Lebensstile können möglich werden. Dass jede Beziehung vergänglich ist, dass alles Einlassen auf das Leben an den Tod grenzt, wird als Erfahrung integrierbar. Idealerweise kann man sich dann trotz dieses Wissens auf neue Bindungen einlassen, weil man weiß, dass Verluste zu ertragen zwar schwer, aber möglich ist und auch neues Leben in sich birgt.

- Der Verlust wird langsam akzeptiert.

- Langsam wieder Kontakt zu anderen Menschen.

- Leben muss neu organisiert werden (Sinn, Ziele, Tagesabläufe etc.)

- Widersprüchliche Gefühle: Einerseits will alles offener, intensiver erlebt und gestaltet und nichts soll verpasst werden. Andererseits hat man Angst vor der Zukunft und Furcht, wieder mit Trauer bezahlen zu müssen.

- Wandlung der Trauer in ein tieferes Lebensgefühl, reifere Identität

Auch Märchen und Mythen folgen dieser Dynamik

Held und Heldin müssen einen Weg mit Hindernissen nehmen, sie werden gleichsam herausgestoßen aus der Geborgenheit des bisherigen Lebens, hinein ins Unbekannte, Gefahrvolle. Auf diesem Lernweg ist die Aufgabe der einzelnen Wegstationen zu lösen, bevor die jeweils nächste angepeilt werden kann. Am Ziel angekommen, in die Alltagswelt zurückgekehrt, bringen Sie einen kostbaren Schatz oder eine neue Fähigkeit mit, gleichsam eine reifere Identität.

2.4 Trauerarbeit im Märchen

Die Trauer gehört zur Freude wie das Sterben zum Leben. Märchen erzählen von dieser Ganzheit des Seins. Sie erinnern uns, dass eines ohne das andere nicht vollkommen sein kann. Wir vergessen das gern und leben, als gäbe es kein Ende. Wir wünschen uns, dass alles so bleiben soll, wie es ist, und bedenken nicht, dass das kein Leben wäre. Leben ist Veränderung. Das Sterben und die Märchen haben ein gemeinsames Geheimnis. Und dieses Geheimnis ist der Grund, warum beide in unserer Gesellschaft – die sich selbst als fortschrittlich bezeichnet – tabuisiert sind.

Das Sterben hat in einer Welt unbegrenzt wachsenden Erfolgs keinen Platz. In den Abendnachrichten sehen wir die Toten der fernen Kriege, doch vom Sterben unserer Nächsten halten wir uns fern, werden wir fern gehalten. Kaum einer geht noch aus dieser Welt eingebettet in die fassungslos weit geöffneten Herzen seiner Lieben. Statt dessen verbringen viele Menschen die letzten Stunden in den sterilen Räumen der Intensivstation mit der Nabelschnur aus Schläuchen und Kabeln an die Übermutter unserer Zeit, die Maschine, angeschlossen. Wenn die benachrichtigten Angehörigen eintreffen, ist es oft schon „vorbei".

Die Wissenschaft versucht, das Mysterium des Lebens durch technische Errungenschaften zu verweltlichen, doch am Mysterium des Todes scheitert auch der beste Mediziner immer wieder neu. Was die meisten Menschen ein Leben lang verdrängen, offenbart sich im Verlauf des Sterbens unabdingbar – für den Sterbenden selbst wie auch für alle, die ihn von Herzen begleiten: die Seele. Wer die Gnade und die Bürde erfahren hat, bei einem Sterbenden zu sein, hat gespürt und weiß, dass »etwas«

aus der physischen Struktur ausfährt und sie als tote Materie zurücklässt. Wer feine Antennen hat und mit dem Verstorbenen sehr verbunden ist, spürt auch, dass dieses Etwas eine Weile noch gegenwärtig bleibt. Keine Gleichung und kein Instrument kann diese Erfahrung messen, doch wer sie bewusst erlebt, kann sich ihrer Wirklichkeit nicht entziehen. Deshalb ist der Tod tabuisiert, weil er unser »modernes Leben« fundamental infrage stellt. Und deshalb tun wir uns so schwer zu trauern. Wir verdrängen Tod und Trauer, weil sie die Axiome unserer merkantilen Kultur widerlegen. In diesem Zusammen-hang Märchen zu nennen, mag im ersten Moment verwundern, doch auch sie werden tabuisiert und als grausam diffamiert. Märchen sprechen die Sprache der Seele. Deswegen auch erschließen sie sich Kindern so unmittelbar und sind für die meisten Erwachsenen nur Kinderkram und dummes Zeug, Lügenmärchen eben. Märchen nehmen die Seele ernst und erzählen von den Her ausforderungen des Herzens und wie man sie besteht, ohne Schaden an seiner Seele zu nehmen. Es ist die Seele, die eine geheimnisvolle Verbindung zwischen Tod, Trauer und Märchen herstellt. Das Märchen klärt viel Unausgesprochenes und Unaus-sprechbares, ohne zu erklären. Damit kann es den Gehenden und den Bleibenden Antworten auf die vielen Fragen geben, die sich mit den Wörtern des Kopfes nicht stellen lassen, die aber unser Herz bewegen und alles infrage stellen, was uns in der Geschäftigkeit des Alltags sonst so wichtig scheint, mit einem Mal aber vollkommen bedeutungslos ist. Der Tod ist ein Mysterium. Sterben begleiten und Sterben erleben fordert uns heraus und gibt uns die Chance, dem Mysterium zu begegnen und frei zu werden, indem wir über unser begrenztes Selbst hinauswachsen, diesseits wie jenseits.

Das Lebenslicht

Marion bittet, dass wir uns treffen und gemeinsam zu ihrer Großmutter Gertrud gehen. Ich treffe eine junge Frau, der die Erschöpfung ins Gesicht gezeichnet ist. Marion ist alleinerziehend und arbeitet halbtags. Ihre Eltern wohnen vierhundert Kilometer entfernt. Ihre Großmutter, die Mutter ihres Vaters, lebt allein in einer kleinen Wohnung. Bislang kam sie mit einer Haushaltshilfe gut zurecht, doch jetzt ist ihre Krebserkrankung weit fortgeschritten. Die Wohnung im zweiten Stock kann sie nicht mehr verlassen. Marion betreut sie, so gut es geht. Ihren Sohn hat sie in einem Hort untergebracht, um mehr Zeit für die Großmutter zu haben. Zweimal am Tag kommt ein Pflegedienst. In die Sprechstunde kann Gertrud nicht mehr gehen. Der Arzt kommt deshalb regelmäßig ins Haus, drängt aber auf eine stationäre Unterbringung. Davon will sie trotz ihrer Schmerzen nichts wissen. Marion weiß nicht, wie es weitergehen soll. Das Kind, die Halbtagsstelle, zwei Haushalte und die seelische Belastung machen ihr zu schaffen. Sie wäre froh, wenn sich ihre Großmutter professionell betreuen ließe, will sie aber auch nicht „ins Krankenhaus abschieben". Gemeinsam gehen wir zu Gertrud. Marion stellt mich als Betreuerin vor. Ich setze mich neben das Kanapee, auf dem Gertrud liegt, Marion verschwindet in der Küche. Gertrud ist freundlich und erzählt gleich drauflos. In Danzig ist sie geboren. Auf der Flucht in den Westen war sie schwanger. „Das habe ich auch überlebt", sagt sie stolz. Bei der Geburt ihres Sohnes sei sie fast verblutet, doch sie sei „dem Tod von der Schippe gesprungen". In den 60er Jahren waren sie im Urlaub in Italien. Beim Baden im Meer sei sie fast ertrunken. In letzter Sekunde habe man sie aus dem Wasser gezogen und wiederbelebt. „Ich habe sieben Leben", lacht sie, „wie eine Katze. Ich bin unverwüstlich." Als es dämmrig wird, bittet sie mich, eine Kerze anzuzünden, die neben dem Foto ihres Mannes auf dem Vertiko steht. Zum Abschied verabreden wir uns für den übernächsten Tag. Ich bringe ihr ein Ahornblatt mit, das ich unterwegs aufgelesen habe. Das herbstliche Fallen der Blätter ist Anlass für ein besinnliches Gespräch. Gertrud akzeptiert, dass alles Leben seine Zeit hat, doch den Gedanken an ihre eigene Vergänglichkeit will sie nicht zulassen. Immer wieder erzählt sie davon, was sie im Leben alles ausgehalten und überstanden hat.

Zu unserem nächsten Treffen bringe ich das Märchen „Der Gevatter Tod" mit. Gertrud kennt es und will es sich gerne vorlesen lassen. Als ich fertig bin, ist sie ganz still. Dann deutet sie zur Kerze auf dem Kanapee. Ich stelle sie auf das Beistelltischchen neben der Liege und zünde sie an. Schweigend betrachten wir das Licht und ich halte Gertruds Hand. Bei den folgenden Treffen muss die Kerze immer brennen. Gertrud öffnet sich allmählich und spricht auch über ihre Ängste. So werden neue Gedanken möglich und auch die schwierige Situation ihrer Enkelin rückt in ihr Blickfeld. Als der Arzt wieder zur Einweisung rät, stimmt sie zu. Das Wort Palliativstation wird vermieden. Auch hier muss ich bei meinen Besuchen immer eine Kerze anzünden. Bei meinem letzten Besuch bittet sie mich, ihr noch einmal „mein Märchen" vorzulesen. Weil ich das Buch nicht dabei habe, erzähle ich, so gut ich mich erinnere. Als ich fertig bin, drückt sie mir mit Tränen in den Augen die Hand und flüstert kaum hörbar: „Gestorben wie im Märchen." In der Nacht stirbt sie im Beisein ihrer Enkeltochter.

Der Gevatter Tod

Es hatte ein armer Mann zwölf Kinder und musste Tag
und Nacht arbeiten, damit er ihnen nur Brot geben
konnte. Als nun das dreizehnte zur Welt kam, wusste er
sich in seiner Not nicht zu helfen, lief hinaus auf die
große Landstraße und wollte den Ersten, der ihm
begegnete, zum Gevatter bitten. Der Erste, der ihm
begegnete, das war der liebe Gott, der wusste schon,
was er auf dem Herzen hatte, und sprach zu ihm: „Armer
Mann, du dauerst mich, ich will dein Kind aus der Taufe
heben, will für es sorgen und es glücklich machen auf
Erden." Der Mann sprach: „Wer bist du?" „Ich bin der
liebe Gott." „So begehr ich dich nicht zu Gevatter", sagte
der Mann, „du gibst dem Reichen und lässest den Armen
hungern." Das sprach der Mann, weil er nicht wusste, wie
weislich Gott Reichtum und Armut verteilt. Also wendete
er sich von dem Herrn und ging weiter. Da trat der Teufel
zu ihm und sprach: „Was suchst du? Willst du mich zum
Paten deines Kindes nehmen, so will ich ihm Gold die
Hülle und Fülle und alle Lust der Welt dazu geben." Der
Mann fragte: „Wer bist du?", „Ich bin der Teufel." „So
begehr ich dich nicht zum Gevatter", sprach der Mann,
„du betrügst und verführst die Menschen." Er ging weiter,
da kam der dürrbeinige Tod auf ihn zugeschritten und
sprach: „Nimm mich zu Gevatter." Der Mann fragte: „Wer
bist du?" „Ich bin der Tod, der alle gleich macht." Da
sprach der Mann: „Du bist der Rechte, du holst den
Reichen wie den Armen ohne Unterschied, du sollst mein
Gevattersmann sein." Der Tod antwortete: »Ich will dein
Kind reich und berühmt machen, denn wer mich zum
Freunde hat, dem kanns nicht fehlen." Der Mann sprach:
„Künftigen Sonntag ist die Taufe, da stelle dich zu rechter
Zeit ein." Der Tod erschien, wie er versprochen hatte.

Als der Knabe zu Jahren gekommen war, trat zu einer Zeit der Pate ein und hieß ihn mitgehen. Er führte ihn hinaus in den Wald, zeigte ihm ein Kraut, das da wuchs, und sprach: „Jetzt sollst du dein Patengeschenk empfangen. Ich mache dich zu einem berühmten Arzt. Wenn du zu einem Kranken gerufen wirst, so will ich dir jedes Mal erscheinen. Steh ich zu Häupten des Kranken, so kannst du keck sprechen, du wolltest ihn wieder gesund machen, und gibst du ihm dann von jenem Kraut ein, so wird er genesen; steh ich aber zu Füßen des Kranken, so ist er mein, und du musst sagen, alle Hilfe sei umsonst, und kein Arzt in der Welt könne ihn retten. Aber hüte dich, dass du das Kraut nicht gegen meinen Willen gebrauchst, es könnte dir schlimm ergehen." Es dauerte nicht lange, so war der Jüngling der berühmteste Arzt auf der ganzen Welt. „Er braucht nur den Kranken anzusehen, so weiß er schon, wie es steht, ob er wieder gesund wird oder ob er sterben muss", so hieß es von ihm, und weit und breit kamen die Leute herbei, holten ihn zu den Kranken und gaben ihm so viel Gold, dass er bald ein reicher Mann war. Nun trug es sich zu, dass der König erkrankte. Der Arzt ward berufen und sollte sagen, ob Genesung möglich wäre. Wie er aber zu dem Bette trat, so stand der Tod zu den Füßen des Kranken und da war für ihn kein Kraut mehr gewachsen. „Wenn ich doch einmal den Tod überlisten könnte", dachte der Arzt, „er wirds freilich übel nehmen, aber da ich sein Patenkind bin, so drückt er wohl ein Auge zu: Ich wills wagen." Er fasste also den Kranken und legte ihn verkehrt, sodass der Tod zu Häupten desselben zu stehen kam. Dann gab er ihm von dem Kraute ein und der König erholte sich und ward wieder gesund. Der Tod aber kam zu dem Arzt, machte ein böses und finsteres Gesicht, drohte mit dem Finger und sagte: „Du hast mich hinter das Licht geführt. Diesmal will ich dir's nachsehen, weil du mein Patenkind bist, aber wagst du das noch einmal, so geht dir's an den Kragen, und ich nehme dich selbst mit fort." Bald hernach verfiel die Tochter des Königs in eine schwere Krankheit. Sie war sein einziges Kind, er weinte Tag und Nacht, dass ihm die Augen erblindeten, und ließ bekannt machen, wer sie vom Tode errettete, der sollte ihr Gemahl werden und die Krone erben. Der Arzt, als er zu dem Bette der Kranken kam, erblickte den Tod zu ihren Füßen. Er hätte sich der Warnung seines Paten erinnern sollen, aber die große Schönheit der Königstochter und das Glück, ihr Gemahl zu werden, betörten ihn so, dass er alle Gedanken in den Wind schlug. Er sah nicht, dass der Tod ihm zornige Blicke zuwarf, die Hand in die Höhe hob und mit der dürren Faust drohte. Er hob die Kranke auf, und legte ihr Haupt dahin, wo die Füße gelegen hatten. Dann gab er ihr das Kraut ein, und alsbald röteten sich ihre Wangen und das Leben regte sich von Neuem. Der Tod, als er sich zum zweiten Mal um sein Eigentum betrogen sah, ging mit langen Schritten auf den Arzt zu und sprach: „Es ist aus mit dir und die Reihe kommt nun an dich", packte ihn mit seiner eiskalten Hand so hart, dass er nicht widerstehen konnte, und führte ihn in eine unterirdische Höhle. Da sah er, wie tausend und tausend Lichter in unübersehbaren Reihen brannten, einige groß, andere halbgroß, andere klein. Jeden Augenblick verloschen einige und andere brannten wieder auf, also dass die Flämmchen in beständigem Wechsel hin und her zu hüpfen schienen. „Siehst du", sprach der Tod, „das sind die Lebenslichter der Menschen. Die großen gehören Kindern, die halbgroßen Eheleuten in ihren besten Jahren, die kleinen gehören Greisen. Doch auch Kinder und junge Leute haben oft nur ein kleines Lichtchen." „Zeige mir mein Lebenslicht", sagte der Arzt und meinte, es wäre noch recht groß. Der Tod deutete auf ein kleines Endchen, das eben auszugehen drohte, und sagte: „Siehst du, da ist es." „Ach, lieber Pate", sagte der erschrockene Arzt, „zündet mir ein neues an, tut mir's zuliebe, damit ich meines Lebens genießen kann, König werde und Gemahl der schönen Königstochter." „Ich kann nicht", antwortete der Tod, „erst muss eins verlöschen, eh ein neues anbrennt." „So setzt das alte auf ein neues, das gleich fortbrennt, wenn jenes zu Ende ist", bat der Arzt. Der Tod stellte sich, als ob er seinen Wunsch erfüllen wollte, langte ein frisches großes Licht herbei, aber weil er sich rächen wollte, versah er es beim Umstecken absichtlich und das Stückchen fiel um und verlosch. Alsbald sank der Arzt zu Boden und war nun selbst in die Hand des Todes geraten.

Tod im Märchen

Wie schließt man Freundschaft mit dem Tod? Welche Bilder und Vorstellungen haben wir vom Tod? Die Brüder Grimm zeichnen den Tod, wie viele ihn sehen: Er ist dünnbeinig, macht ein finsteres Gesicht, hat eine eiskalte Hand und ist rachsüchtig. Will man mit so einem Freundschaft schließen? Es scheint, als wäre ein Bruch zwischen dem, der gerne zum Gevatter genommen wird, und dem, der später rachsüchtig und böse scheint. Wie kann ich den Tod als Gevatter annehmen? Gevatter sein, heißt in ein (christliches) Glaubenssystem eingebunden zu sein und diesen Glauben an das Patenkind zu vermitteln. Der Tod als Gevatter des Lebens? „Ohne den Tod gibt es keine Erneuerung... Die positive Kraft kann ohne die negative keinen Moment lang existieren. Der Tod ist also nicht Gegenspieler, sondern Gehilfe des Lebens." Nur der Mensch ist sich seiner Sterblichkeit bewusst. Von Ferne betrachtet, ist der Tod eine Tatsache, die jeden ereilt. Man kann also durchaus versuchen, mit dem Tod Freundschaft zu schließen. Doch wenn der Tod einen geliebten Menschen fordert oder uns selbst ins Auge fasst, spätestens dann hört die Freundschaft auf. Der Pate schenkt seinem Mündel ein Kraut. Gehen wir einmal davon aus, dass von Geburt jeder mit diesem ›Wundermittel‹ ausgestattet ist. Das Leben führt zu körperlichen Veränderungen, Zipperlein und Krankheiten schütteln uns, doch das Lebenskraut macht uns schnell wieder gesund und gibt uns neue Kraft. Das Märchen erzählt uns, der Tod steht immer am Bett, die Frage ist nur, ob am Kopf- oder Fußende. Wir sind uns der Gegenwart des Todes nicht bewusst, wir sind dem Leben ergeben und im Schlaf sehen wir Regeneration und Erholung, nicht aber den »kleinen Bruder des Todes«. Unerwartet schaut uns der Tod ins Auge oder auch schleichend. Gerade eben waren wir noch ganz ins Leben vertieft, jetzt überschattet uns der Tod. Ohnmacht befällt uns: Warum ich? Wir sind zu allem bereit, um dem Tod noch etwas vom Leben abzuringen. Alles? Auch wenn wir gegen die Gesetze der Schöpfung verstoßen? »Aber hüte dich, dass du das Kraut nicht gegen meinen Willengebrauchst, es könnte dir schlimm ergehen. Und wenn sie nicht gestorben sind suchen den Tod zu überlisten. Wir wollen die Herrschaft über unser Leben, unser Schicksal erhalten. Aus dem Spiel des Lebens wird der Kampf mit dem Tod. Wir sind selten bereit, uns dem Schicksal zu fügen. Wir kämpfen, ringen um unser Leben. Es ist ein Aufbäumen gegen das Unvermeidliche, ein Kampf, der meist im Stillen geschieht, alleine ausgefochten wird. Vertraute stehen hilflos daneben. Kämpfen heißt aber auch, sich der Situation zu stellen und nicht (mehr) davonzulaufen.

Kämpfen ist ein wichtiger Prozess, in dem Wut, Angst, Trauer, Schuldzuweisungen und alles andere losgetreten wird, was uns mit dem Leben verstrickt. Das gibt uns die Chance, es aufzuarbeiten. Nun zeigt uns das Märchen ein starkes Bild: In einer unterirdischen Höhle brennen tausend und abertausend Lichter, große, halbgroße, kleine. Das Bild der Lebens-lichter berührt, weil es so einfach vom Leben erzählt, dass es fast schmerzt. Wir wollen nicht einsehen, warum auch Kinder und junge Menschen ein kleines Licht haben sollen, doch es entspricht der Wahrheit, die wir erleben. Lebenslichter brennen und verlöschen, daran können wir nichts ändern. Als der Arzt erkennt, dass sein Licht schon weit abgebrannt ist, will er ein neues, großes. In der Sterblichkeit erkennen wir die Kostbarkeit des Lebens. Er will sich nicht in sein Ende fügen und bittet um Aufschub, damit er sein Leben genießen kann. Doch der Tod kann ihm keine Verlängerung gewähren. Die Brüder Grimm nennen den Tod rachsüchtig, so wie er Hinterbliebenden heimtückisch und gemein scheint. Aus der Sicht des Sterbenden kann die Hoffnung auf ein Weiterleben eine große Gnade sein, doch für die Lebenden ist die Lücke, die der Tote hinterlässt, stets schmerzhaft. „Ich bin der Tod, der alle gleich macht." Kann es gelingen, den Tod als Gehilfen des Lebens zu sehen? Können wir den Tod zum Freund nehmen? „Du bist der Rechte, du holst den Reichen wie den Armen ohne Unterschied, du sollst mein Gevattersmann sein."

Übung zum Innehalten

Zünden Sie eine Kerze an. Sie können ihre Farbe und Form ganz bewusst auswählen. Stellen Sie die brennende Kerze am besten in Augenhöhe vor sich hin. Wählen Sie einen angenehmen Abstand und blicken in das Licht der Kerze. Fokussieren Sie die Flamme. Gedanken, die kommen, lassen Sie vorüberziehen. Schauen Sie in das Licht und lassen Ihren Kopf leer werden. Nehmen Sie sich etwa drei Minuten Zeit dafür. Schließen Sie dann die Augen. Sehen Sie weiter das Licht der Kerze, jetzt vor Ihrem inneren Auge. Stellen Sie sich vor, Sie selbst sind diese Flamme. Ihr Körper ist ganz in dieses Licht eingehüllt. Nehmen Sie das Licht mit jedem Einatmen in sich auf. Füllen Sie jede Zelle Ihres Körpers mit diesem Licht. Spüren Sie, wie das Licht Sie erfüllt und einhüllt. Lassen Sie Ihr Lebenslicht leuchten. Dann verabschieden Sie sich langsam und öffnen behutsam die Augen. Blicken Sie noch einmal auf das Kerzenlicht. Beginnen Sie, sich zu recken und zu strecken. Lassen Sie Ihr inneres Licht weiter leuchten, wenn Sie die Kerze ganz bewusst löschen. Diese Übung können Sie auch für einen Anderen machen, indem Sie sich vorstellen, wie das Lebenslicht ihn einhüllt und jede Zelle seines Körpers erfüllt. Das Lebenslicht leuchtet in uns, solange wir leben. Häufig entdecken wir es in den Augen der Menschen.

Wirkung durch Märchen

Das Unaussprechliche erfahrbar und kommunizierbar zu machen, ist die geheimnisvolle Kraft der Märchen, die uns therapeutisch stützt. Themen und Personal der Märchen geben vielfältige Anknüpfungspunkte für Gespräche. Wie ein Kind einer Puppe freimütig von Sorgen erzählt, die es dem Erwachsenen direkt nicht anvertrauen würde, so können wir in der Metasprache der Märchensymbolik viel leichter über die Fragen sprechen, die uns seelisch so tief erschüttern. Märchen diktieren keine Wahrheiten, sie sind vielmehr wie ein Kristall, der je nach Lichtfall anders schimmert. Auf ein und dasselbe Märchen kann jeder seine ganz eigene Aussagen projizieren. Bleibt der Betreuende dabei neutral, öffnen sich dem Betreuten Türen zu Herz und Seele, die er oft schon sehr lange verrammelt hat. Wie diese segensreiche Möglichkeit in Trauer- und Sterbebegleitung genutzt werden kann, davon erzählt dieses Buch. Vor allem werden Märchen vorgestellt, die für diesen Zweck besonders geeignet sind. Um sich diese Märchen inhaltlich zu erschließen, empfiehlt sich die einschlägige Literatur, z.B. Vera Kast. Auch Symbolwörterbücher helfen weiter. Wer sich eine Weile mit Märchen beschäftigt, erlernt die Bildsprache der Seele und braucht dann Erläuterungen immer weniger. Märchen können in allen Bereichen der Trauerarbeit von großer Hilfe, wenn der zu Beleitende offen dafür ist. Neben der Gesprächssituation zwischen Betreutem und Pflegeperson bieten sich Märchen auch für die Gruppenarbeit mit Kindern und Erwachsenen an. Seminare wie turnusmäßige Treffen von Betroffenen oder Betreuern können durch die Arbeit mit und an Märchen vertieft werden.

Märchenliste

1 Die Alte mit den Bohnen (unbekannt)

2 Der Beutel voller Goldstücke (Frankreich)

3 Die Boten des Todes (Grimm)

4 Die weiße und die schwarze Braut (Grimm)

5 Der Eisenhans (Grimm)

6 Der Engel des Todes (Persien)

7 Die Flucht (Orient)

8 Die Frau, die das Land der Toten besuchte (Inuit)

9 Frau Holle (Grimm)

10 Frau Holles Apfelgarten (Litauen)

11 Frau Trude (Grimm)

12 Der Froschkönig oder der eiserne Heinrich (Grimm)

13 Fundevogel (Grimm)

14 Der Gevatter Tod (Grimm)

15 Hans im Glück (Grimm)

16 Juan Holgado und Frau Tod (Spanien)

17 Jugend ohne Alter und Leben ohne Tod (Rumänien)

18 Der singende Knochen (Grimm)

19 Der Mutter Fluch und Segen (Irland)

20 Nachtfalter (Sufismus)

2.5 Beispiel einer möglichen Trauerbegleitung

1. Vorbereitung
Vier Karten vorbereiten mit folgendem Text (für den Begleiter als Hilfestellung und für schriftliche Bemerkungen, die der Begleiter während des Begleitung auf die jeweilige Karte schreiben kann)

1. Nicht wahr haben wollen
2. Aufbrechende Emotionen
3. Suchen, Fragen, Finden
4. Das neue Leben

2. Bestimmen Sie mit dem Trauernden das Problem in seinem Trauerprozess, wo steckt er/sie fest? Der Begleiter kann hier auch eine Einschätzung geben. Wie er den Trauerprozess sieht, wo die Probleme sind. Hier wäre auch wichtig, die Wichtigkeit des gesamten Trauerprozesses hervorzuheben und kurz die Trauerphasen zu erklären.

3. Benutzen Sie eine Lebenslinie, lassen Sie ihn sein jetziges Alter bestimmen (den jetzigen Augenblick)

4. Lassen Sie den Trauernden zurückgehen in die Vergangenheit, in seinen Trauerprozess bis zu dem Tag des Trauer-Geschehens, dem Auslöser der Trauer. Unterstütze ihn mit Fragen: Was fühlen Sie? Was hören Sie? Was sehen Sie? Wie sehen Sie sich und ihr Leben? Was für ein Gefühl der Trauer ist es? Wo könne Sie es im Körper wahrnehmen? (Ziel: Zugang zum Gefühl der Traurigkeit bekommen)

Was denken Sie über die Zukunft? (Ziel: Gibt es Trauma durch den Trauerprozess)

Wie denken Sie über die Endlichkeit? (Ziel: Dies ist eine philosophische Frage, die ihm Zeit zum erholen und ausruhen geben soll)

5. Unterstützen Sie den Trauernden mit Metaphern. Lassen Sie ihn selbst eine Metapher oder auch mehrere Metaphern finden. Metapher (s.o.) unterstützen (z. B. die Trauer schmerzt wie ein Messerstich…)

6. Aus der Timeline / chronologischen Zeitabfolge gehen und den Trauernden nachdenken lassen über:

a) Was hat Ihnen der Zeit Ihrer Trauer / bei Verlust bisher geholfen? (Ressourcen finden und ankern)

b) Was hat Ihnen in Ihrem Leben schon Hoffnung, Trost und Zuversicht geschenkt? (Ressourcen finden lassen und ankern, kommentarlos wiederholen, ohne Nachfragen).

c) Finden Sie gemeinsam positive Auswirkungen der Trauer/ des Trauerfalls auf das weiteres Leben. Auch diese Ergebnisse „Ankern".

d) Lassen Sie ihn aus der Meta- Position weitere Ressourcen finden, z. B.: Welche positive Eigenschaften hat der Verstorbene dir weitergegeben, was hast du von ihm gelernt?

e) Tröstende Metapher auf dem Wunden Punkt „ankern":

Der Grund für Ihre Trauer ist, dass Sie fähig sind, Zuwendung, Zuneigung und Liebe zu geben.

Wenn Sie niemals geliebt hättest, dann würden Sie keine Bindung kennen, die stark oder tief genug wäre, um Ihnen Schmerz zu bereiten. Deshalb kann Ihre Trauer der Beweis sein, für Ihre Fähigkeiten jemanden zu lieben, zu schätzen und ihm nahe zu sein. Es bedeutet, dass Sie imstande sind, einem Menschen nahe zu sein, Liebe und Zuneigung für ihn zu empfinden - Gefühle und Kraft in ihn zu investieren. Ihre Trauer kann für etwas sehr Wichtiges in Ihrem Leben stehen: Für Bindungsfähigkeit, Zuneigung und Liebe.

f) Klären Sie, ob noch weitere Ressourcen und Veränderungen notwendig sind. Bzw. fragen Sie die unterschiedlichen Persönlichkeitsteile, ob sie noch Unterstützung brauchen.

g) An dieser Stelle evtl. ein letztes Gespräch mit dem Verstorbenen - Zeit lassen - Antwort abwarten - Gibt es etwas Positives, was Ihnen der Verstorbene jetzt mit auf den Weg gibt. An dieser Stelle können auch andere heftige Emotionen ausbrechen, wie Wut und Hass. Beispiel: Sohn/Vater: Sohn: „Warum warst Du nie für mich da. Ich habe es mir so sehr gewünscht, alle hatten einen Vater, nur ich nicht….. ich habe so starke Wut in mir." Diese Emotionen annehmen – ohne Bewertung – mit Verständnis ergänzen, z. B. „Ja, außer Ihrem Leben konnte Ihr Vater Ihnen nichts/nicht viel schenken (Ziel hierbei: Das geschenkte Leben als wertvollstes Geschenk erkennen und als positive Ressource nutzen)

h) Alle gefundenen Ressourcen (Kraft, Selbstbewusstsein, Zähigkeit, Liebe, Frieden, Balance, Annahme des eigenen Ichs etc.) ankern - auf dem Wunderpunkt/Herzpunkt.

i) Gehen Sie mit dem Trauernden wieder an den Trauerprozess und zwar an die Stelle, in der das Steckenbleiben lokalisiert wurde. Unterstützen Sie ihn mit allen Ressourcen, die er gefunden hat. Anker auslösen. Unterstützende Ressourcen wiederholen, unterstützende Metaphern wiederholen. Anker und Metapher: Wunder Punkt wiederholen. Dem Trauernden Zeit lassen.

j) Test: Wie geht es Ihnen jetzt. Wie sehen Sie die Zukunft? Was fühlen Sie? Was hat sich verändert? (Ziel: Den Trauerprozess weitergehen, von der Phase an, in der der Trauernde stecken geblieben ist)

k) Zum Abschluss dem Trauernden folgende Metapher schenken:

Die Traurigkeit Es war eine kleine Frau, die den staubigen Feldweg entlang kam. Sie war wohl schon recht alt, doch ihr Gang war leicht, und ihr Lächeln hatte den frischen Glanz eines unbekümmerten Mädchens.

Bei einer zusammengekauerten Gestalt blieb sie stehen und sah hinunter. Sie konnte nicht viel erkennen. Das Wesen, das da im Staub des Weges saß, schien fast körperlos. Es erinnerte an eine graue Flanelldecke mit menschlichen Konturen. Die kleine Frau bückte sich ein wenig und fragte: 'Wer bist du?'

Zwei fast leblose Augen blickten müde auf. 'Ich? Ich bin die Traurigkeit', flüsterte die Stimme stockend und so leise, dass sie kaum zu hören war.

'Ach, die Traurigkeit!' rief die kleine Frau erfreut aus, als würde sie eine alte Bekannte begrüßen.

'Du kennst mich?' fragte die Traurigkeit misstrauisch.

'Natürlich kenne ich dich! Immer wieder einmal hast du mich ein Stück des Weges begleitet.'

'Ja, aber...', argwöhnte die Traurigkeit, 'warum flüchtest du dann nicht vor mir? Hast du denn keine Angst?'

'Warum sollte ich vor dir davonlaufen, meine Liebe? Du weißt doch selbst nur zu gut, dass du jeden Flüchtigen einholst. Aber, was ich dich fragen will: Warum siehst du so mutlos aus?'

'Ich... ich bin traurig', antwortete die graue Gestalt mit brüchiger Stimme.

Die kleine, alte Frau setzte sich zu ihr. 'Traurig bist du also', sagte sie und nickte verständnisvoll mit dem Kopf.

'Erzähl mir doch, was dich so bedrückt.'

Die Traurigkeit seufzte tief. Sollte ihr diesmal wirklich jemand zuhören wollen? Wie oft hatte sie sich das schon gewünscht. 'Ach, weißt du', begann sie zögernd und äußerst verwundert, 'es ist so, dass mich einfach niemand mag. Es ist nun mal meine Bestimmung, unter den Menschen zu gehen und für eine gewisse Zeit bei ihnen zu verweilen. Aber wenn ich zu ihnen komme, schrecken sie zurück. Sie fürchten sich vor mir und meiden mich wie die Pest."

Die Traurigkeit schluckte schwer. 'Sie haben Sätze erfunden, mit denen sie mich bannen wollen. Sie sagen: Papperlapapp, das Leben ist heiter. Und ihr falsches Lachen führt zu Magenkrämpfen und Atemnot. Sie sagen: Gelobt sei, was hart macht. Und dann bekommen sie Herzschmerzen. Sie sagen: Man muss sich nur zusammenreißen. Und sie spüren das Reißen in den Schultern und im Rücken. Sie sagen:

Nur Schwächlinge weinen. Und die aufgestauten Tränen sprengen fast ihre Köpfe. Oder aber sie betäuben sich mit Alkohol und Drogen, damit sie mich nicht fühlen müssen.'

'Oh ja', bestätigte die alte Frau, 'solche Menschen sind mir schon oft begegnet.'

Die Traurigkeit sank noch ein wenig mehr in sich zusammen. 'Und dabei will ich den Menschen doch nur helfen. Wenn ich ganz nah bei ihnen bin, können sie sich selbst begegnen. Ich helfe ihnen, ein Nest zubauen, um ihre Wunden zu pflegen. Wer traurig ist, hat eine besonders dünne Haut.

Manches Leid bricht wieder auf wie eine schlecht verheilte Wunde, und das tut sehr weh. Aber nur, wer die Trauer zulässt und all die ungeweinten Tränen weint, kann seine Wunden wirklich heilen. Doch die Menschen wollen gar nicht, dass ich ihnen dabei helfe. Stattdessen schminken sie sich ein grelles Lachen über ihre Narben. Oder sie legen sich einen dicken Panzer aus Bitterkeit zu.' Die Traurigkeit schwieg.

Ihr Weinen war erst schwach, dann stärker und schließlich ganz verzweifelt.

Die kleine, alte Frau nahm die zusammengesunkene Gestalt tröstend in ihre Arme. Wie weich und sanft sie sich anfühlt, dachte sie und streichelte zärtlich das zitternde Bündel. 'Weine nur, Traurigkeit, flüsterte sie liebevoll, ruh´ dich aus, damit du wieder Kraft sammeln kannst. Du sollst von nun an nicht mehr alleine wandern.

Ich werde dich begleiten, damit die Mutlosigkeit nicht noch mehr an Macht gewinnt.'

Die Traurigkeit hörte auf zu weinen.

Sie richtete sich auf und betrachtete erstaunt ihre neue Gefährtin: 'Aber... aber - wer bist eigentlich du?'

'Ich?' sagte die kleine, alte Frau schmunzelnd, und dann lächelte sie wieder so unbekümmert wie ein kleines Mädchen. 'Ich bin die Hoffnung.'

2.6 Übungen zum Begleiten

Die Übungsanleitungen mit Angehörigen und Trauernden, sind grundsätzlich hilfreich und freiwillig und bedürfen der Zustimmung des einzelnen, wenn möglich.

Die Übungen zur Reorientierung können als Hilfe bei akuter Angst, bei Gefühlen, wie Ersticken, Ertrinken, etc. angewendet werden, wenn Sie sich sicher fühlen und die betroffene Person sich nicht durch ihre Anwesenheit beruhigen lässt.

Wenn, vorhanden, helfen die Ansprechpartner, Ärzte, Pflegefachkräfte, Mitglieder von SAPV-Teams, Fachkräfte der Palliativ-Care, Mitarbeiter von Pflegediensten, Pastoren, Pfarrer, Diakone u. a. Geistliche, die im Bereich Sterbebegleitung geschult sind.

Reorientierung „Wer, Wie, Wo, Was - Fragen"

Sprechen Sie den/die betroffene Person an und stellen Sie ihm/ihr untenstehende Fragen

Aufgabe:
Fragen Sie die betroffene Person:
Wie heißen Sie?
Wo sind Sie hier?
Was ist passiert?
Welches Datum ist heute?
Wie spät ist es?
Welche Temperatur haben wir?
Wissen Sie wer ich bin?

Ziel:
Durch das Fragen, ermöglichen Sie der/dem Betroffenen eine eigne Verortung an Ort und Stelle und ein Loslösen von akuter Panik und Angst.

Reorientierung „5-4-3-2-1- Übung"

Aufgabe:

5 Dinge: Benennen Sie mir 5 Dinge, die Sie sehen. „Ich sehe..."

5 Geräusche: Benennen Sie mir 5 Geräusche, die Sie hören. „Ich höre.."

5 Körperwahrnehmungen / Wahrnehmungen:
Benenne Sie mir 5 Körperwahrnehmungen „Ich spüre…" (keine Gefühle!)

Danach jeweils 4, dann 3, dann 2 und dann eine Wahrnehmung.

Ziel:

Durch die Selbstwahrnehmung findet eine aktive innere und äußere Verortung, Orientierung statt.

2.7 Übungen zur Verarbeitung

Fühlen Sie sich frei, in wie weit Sie mit diesen Übungen umgehen wollen. Prüfen Sie für sich die Effektivität und Wirksamkeit und urteilen sie erst nach einiger Zeit selbst, ob Sie einzelne Übungen für sich als hilfreich und stärkend erleben können.

Die Übungen sind bewusst in der „Du-Form" formuliert, weil sie einen leichteren Zugang ermöglichen und durch die Formulierung an sich nicht eine so große Distanz schaffen.

Die folgenden Übungen sind körperbasiert und arbeiten mit inneren Bildern.

Übung: „Zentriere und schütze Dich"

1. Spüre Deine Senkrechte, nehme sie wahr, stelle sie her (im Sitzen, Stehen, mit etwas Übung ist das auch im Gehen möglich).

2. Atme in Deinen Unterbauch ein- und aus, halte Deinen Schwerpunkt (Der Körperschwerpunkt liegt ca. 3 Fingerbreit unterhalb und 5 Finger innerhalb des Bauchnabels)

3. Entspanne Dich, mache Dich **schwer**, versinke und verbinde Dich mit dem Boden (ausfließende Basis wie Wasser / im Boden versinken).

4. Öffne Deinen Blick, schaue in die Peripherie, löse Dich von Gegenständen, fixiere nichts.(Löse Dich von den Dingen, dem Gefühl, den Gedanken, dem Stuhl, dem Gegenüber, etc.).

5. Lasse Gedanken und Gefühle los / ziehen spüre Dich. Genieße die Stille, den Frieden, die Ruhe. Wenn Du Energiearbeit kennst, gehe weiter zu Schritt 6 und 7.

6. Nehme Deine Arme vor Deinen Bauch, **Bilde eine Wärme-Kugel** zwischen Deinen **Handinnenflächen**. (Die Wärme fließt wie Wasser, strahlt wie Licht, aus den Fingern, den Handinnenflächen. Du kannst mit der Wärme Dich, Deinen Körper „bestreichen" , Schutzschild).

7. Bilde eine **Schutz-Wärmekugel** um Dich, **öffne Deine** Arme / **leeren Hände** außerhalb der Kugel **für Dein Gegenüber**.

(Das funktioniert mit konkreten Situationen, Gefühlen, Ekel, Scham, Wut, Ohnmacht, Schmerz, etc.).

Sinn der Übung

Kontrollierte Wahrnehmung des Körpers, Abgrenzung und Schutzhülle imaginativ herstellen, selbstbestimmte Regulation von Spannungen, Anregung heilsamer Vorstellungen und helfender, schützender Körperwahrnehmungen.

Mögliche Gefahren

Für einige Menschen ist jede Form der Körperwahrnehmung bedrohlich oder unangenehm. Eventuell besteht noch keine ausreichende Fähigkeit zu kontrolliertem Umgang mit Vorstellungen, andere Dissoziationen werden angetriggert – hier ist es wichtig, möglichst rasch wieder im Raum, im „Hier und Jetzt" orientieren.

Übung: „Lichtdusche"

Nimm Deine Sitzposition, Deine senkrechte Körperachse wahr.

Lenke Deinen Atmen im Unterbauch, in Deinen Schwerpunkt beim Ein- und Ausatmen.Entspanne Dich.

Werde schwer, spüre Deine Füße auf dem Boden gut und sicher stehen, versinke in den Boden.

Löse Deinen Blick von Gegenständen und öffne Deinen Blick. Lasse Deine Augen einen Punkt oder einen

Bereich im Raum finden, an dem sie gut ausruhen können. Schließe Deine Augen, wenn Du magst.

Stelle Dir vor, unter einer Dusche aus Licht zu stehen. Fühle das angenehme, wohltuende, heilsame Licht. Nehme die Farbe des Lichtes wahr. Es können Lichtstrahlen sein, ein Lichtkegel, eine warme wohltuende Quelle, es kann die Sonne sein, die Dir nah ist. Fühle, welches Bild für Dich passt.

Lasse wie unter einer Wasserdusche Deine Belastungen los, Lasse das Licht Deine Spannungen, unangenehmen Körperwahrnehmungen oder Schmerzen sanft umspülen – vielleicht wird etwas leichter.

Es ist auch möglich, das Licht nach Innen zu lenken, an Stellen, an denen Du Belastungen oder Spannungen spürst. Lasse sie mit dem Licht sanft umspülen, befrieden, lösen – vielleicht wird etwas leichter.

Wenn Du magst, lasse aus Deinem Inneren Dein Licht zurückstrahlen. Lasse sich Deine Strahlen, mit der äußeren Sonne verbinden.

Stelle Dir vor dass eine Kugel aus Licht Dich umhüllt, umgibt, sie stärkt und schützt Dich. Das Bild, die Wahrnehmung von einem schützenden Lichtmantel kann für Dich auch stimmen, entscheide selbst, welches Bild für Dich stimmt.

Lasse allmählich die Lichtwahrnehmung ausklingen, lasse sie schwächer werden, dimme sie herunter.

Wenn Du magst, bleibe noch bei Deinem Bild, Deiner Wahrnehmung, der Empfindung und löse Dich langsam von Deinem Bild, Deinem Gefühl. Öffne die Augen und fühle Deinen Körper, Deinem Atem.

Sinn der Übung
Kontrollierte Wahrnehmung des Körpers, selbstbestimmte Regulation von Spannungen, Anregung heilsamer Vorstellungen und helfender, schützender Körperwahrnehmungen.

Mögliche Gefahren
Für einige Menschen ist jede Form der Körperwahrnehmung bedrohlich oder unangenehm. Eventuell besteht noch keine ausreichende Fähigkeit zu kontrolliertem Umgang mit Vorstellungen, andere Dissoziationen werden angetriggert – hier ist es wichtig, möglichst rasch wieder im Raum, im „Hier und Jetzt" orientieren.

2.8 Links für Trauer und Trauerbegleitung

Für die unten aufgeführten Links übernimmt der Autor keinerlei Haftung oder sonstigen Ansprüchen, z.b. auf Richtigkeit oder Vollständigkeit.

Feuerwehrseelsorge www.feuerwehrseelsorge.de

Online-Beratung für junge Menschen
www.u25-freiburg.de

Angehörige nach Suizid www.agus-selbsthilfe.de

Arbeitskreis Leben www.ak-leben.de

Evangelische Chatseelsorge www.chatseelsorge.de

Interessengemeinschaft von Unfallopfern und deren angehörigen www.david-ev.de

Kindertrauma www.kidtrauma.com

Lokführer-Selbsthilfe mit Forum
www.lokfuehrer-selbsthilfe.de

www.telefonseelsorge.de

www.trauma-informations-zentrum.de

Traumahilfe Netzwerk www.traumahilfe-augsburg.de

www.weisser-ring.de

Zentrum für Trauma- und Konfliktmanagement Köln
www.ztk-koeln.de

Eltern:

Bundesverband verwaiste Eltern in Deutschland e.V.
www.veid.de

Elterninitiative plötzlicher Säuglingstod www.geps.de

www.vermisste-kinder.de

www.leben-ohne-dich.de

Initiative für brandverletzte Kinder www.paulinchen.de

Kinder:

Forum für trauernde Kinder und Jugendliche
www.allesistanders.de

www.elternlos.de

www.kinder.trauer.org

www.hilfe-fuer-kinder-krebskranker-eltern.de

www.kindertrauer.info

www.youngwings.de

Online-Beratung www.youth-life-line.de

Schule:

KIBBS Kriseninterventions- und Bewältigungsteam
Bayerischer Psychologen www.kibbs.de

Umgang mit Tod und Trauer an Schulen
www.schulpastoral.drs.de

Trauer:

Selbsthilfegruppe Trauer nach Suizid www.trauer-nach-suizid.de

www.trauer.org

www.trauer-fundgrube.de

www.gute-trauer.de

www.trauernde-geschwister.de

www.trauernetz.de

Trauer und Trost für Kinder www.trauer-trost.de

Russische Telefonseelsorge

www.telefonseelsorge-berlin-brandenburg.de

muslimisches Seelsorge-Telefon www.mutes.de

Verschiedenes

http://www.allesistanders.de

www.kindertrauer.info

Arbeitskreis Organspende e.V. www.akos.de

www.elternlos.de

Unterstützung für Unfallopfer www.david-ev.de

Deutsche Gesellschaft zur Suizidprävention

www.suizidprophylaxe.de

Deutsche Hospiz-Stiftung www.hospize.de

Deutsches Notfallvorsorge-Informationssystem

(deNIS) www.denis.bund.de

Elterninitiative brandverletzter Kinder www.paulinchen.de

Elterninitiative Vermisste Kinder www.vermisste-kinder.de

www.notfallseeelsorge-ekvw.de Westfälische Landeskirche

Gemeinsame Elterninitiative Plötzlicher Säuglingstod (GEPS)

www.geps.de

Gewalt gegen Frauen www.katholische-internetseelsorge.de

Hilfe für Unfallopfer www.unfallopfer-netz.de

Hospiz Kaarst e.V. www.hospiz-bewegung.de

Koordinierungsstelle NOAH (Nachsorge, Opfer- und

Angehörigenhilfe www.bkk.bund.de

Tauer in der Schule   www.schulpastoral.drs.de

Nachsorgegruppe Opfer Hinterbliebenen Flugkatastrophe

Ramstein www.ppis.de/rammstein-katastrophe

http://www.nico-und-nicola.de

ökumenische Aktionsgemeinschaft für Verkehrssicherheit

www.sternschuppe-ev.de

SIDS plötzlicher Kindstod www,sids-network.org/

Suizidprävention notfallseelsorge.de

Suizidprävention für Jugendliche www.youth-life-line.de

www.trost-spenden.de

www.vermisste-kinder.de

2.9 Empfehlenswerte Literatur:

Dietlinde Baldauf, Birgit Waldenberger: Das Getragenwerden und Gehaltensein als tröstender Beziehungsraum. Eine psychoonkologische Begleitung für Krebspatienten, Angehörige und Betreuer. Würzburg 2008.

Jorgos Canacakis: Ich begleite dich durch deine Trauer. Stuttgart 1990.

Dorothee Dring: Die Brücke zurück ins Leben finden. Hilfen für Trauernde nach dem Verlust eines geliebten Menschen. München 2007.

Wolfgang Hagemann: Nach der Krebsdiagnose. Systemische Hilfen für Betroffene, ihre Angehörigen und Helfer. Göttingen 2003.

Roland Kachler: Damit aus meiner Trauer Liebe wird. Neue Wege in der Trauerarbeit. Stuttgart 2007.

Roland Kachler: Meine Trauer wird dich finden. Ein neuer Ansatz in der Trauerarbeit. Stuttgart 2005.

Verena Kast: Sich einlassen und loslassen. Neue Lebensmöglichkeiten bei Trauer und Trennung. Freiburg 1994.

Antje Uffmann: Trauern - und leben! Wege aus dem Trauerlabyrinth. Stuttgart

Trost und Hilfe aus Büchern Albrecht, Anneliese: Fühlen, was Leben ist. Wie der Tod der Tochter das Leben einer Mutter veränderte. Freiburg im Breisgau 1995

Bickel, Lis und Tausch-Flammer, Daniela: In meinem Herzen die Trauer. Texte für schwere Stunden. Freiburg im Breisgau1998

Böhle, Solveig: Damit die Trauer Worte findet. Gespräche mit Zurückbleibenden nach Suizid. Bern, München, Wien 1988

Coners, Sabine und Thomas Tröstendes, Tröstende Gedichte. ISBN-10 3-00-018554-2

Grollmann, Earl A.: Lass deiner Trauer Flügel wachsen. Wenn man von einem lieben Menschen Abschied nehmen muss. Freiburg im Breisgau 1998

Grün, Anselm: Du wirst getröstet. Für Trauernde. Stuttgart 2004

Iding, Doris: Der Tod geht um die Welt. Mythen, Märchen und Geschichten um den Tod.

Kast, Verena: Sich einlassen und loslassen. Neue Lebensmöglichkeiten bei Trauer und Trennung. Freiburg im Breisgau 1994

Kast, Verena: Lebenskrisen werden Lebenschancen

Kast, Verena: Trauern

Kopp, Marlene: Tröstende Worte und Gedanken. Erinnerungen die unser Herz berühren, gehen niemals verloren. Holzkirchen 2002

Pauls, Christa: Rituale der Trauer

Staudacher, Carol: Tage der Trauer, Tage der Heilung. Tröstende und stärkende Meditationen. Bern, München, Wien 1994

Spiegel, Yorick: Der Prozess des Trauerns

Stutz, Pierre: Engel des Trostes wünsche ich dir. Briefe an Trauernde. Freiburg im Breisgau 2004

Voss-Eiser, Mechtild: „Noch einmal sprechen von der Wärme des Lebens…". Texte aus der Erfahrung von Trauernden. Freiburg im Breisgau 1997

Zagdanski, Doris: Wenn die Worte fehlen. Auf trauernde Menschen eingehen. Freiburg im Breisgau 2000

3.1 Schlusshinweis

Da ich aus Kostengründen auf ein professionelles Lektorat mit Redakteur, Begleitung und Aufbereitung des Manuskriptes durch einen Verlag verzichtet habe, können Fehler im Text enthalten sein. Ich habe den Text, das Layout und das Cover selbst erstellt und entworfen.

Sollte es zu Übereinstimmungen mit anderen Werken gekommen sein, so bitte ich dies zu entschuldigen und mir umgehend mitzuteilen, damit es zu keinen Urheberrechtsverletzungen kommt und wenn doch, dass ich diese umgehend beheben kann.

Über Ihre Anregungen, Kritik, Ergänzungen und Feedbacks freue ich mich, Sie können mir gerne per Email schreiben an:

Linus.Botha@gmx.de   Vielen Dank !!!